킹덤설교

킹덤설교

초판 1쇄 발행 | 2020년 6월 23일

지은이 | 이종필
펴낸이 | 이한민
펴낸곳 | 아르카

등록번호 | 제307-2017-18호
등록일자 | 2017년 3월 22일
주　소 | 서울 성북구 숭인로2길 61 길음동부센트레빌 106-1805
전　화 | 010-9510-7383
이메일 | arca_pub@naver.com

홈페이지 | www.arca.kr
블로그 | arca_pub.blog.me
페이스북 | fb.me/ARCApulishing

책　값 | 뒤표지에 있습니다.
ISBN | 979-11-89393-16-8 03230

아르카 ARCA는 기독출판사이며 방주ARK의 라틴어입니다(창 6:15).
네가 만들 방주는 이러하니 … 새가 그 종류대로, 가축이 그 종류대로,
땅에 기는 모든 것이 그 종류대로 각기 둘씩 네게로 나아오리니 그 생명을 보존하게 하라 _창 6:15, 20

킹덤 설교

하나님나라를 내 삶에 오게
만드는 말씀

이종필 지음

아르카

하나님나라가 당신에게 올 것입니다.

성도들은 하나님나라가 죽어서 가는 천국일 뿐 아니라 이 땅에 임했다는 말을 자주 듣습니다. 무슨 말인지 알 것 같긴 한데, 구체적으로 이해되는 말은 아닐 것 같습니다. 세상 현실은 하나님나라와 멀어 보이기 때문입니다. 자신의 삶이 하나님나라와 상관없는 것처럼 느껴질 때도 있을 것입니다.

그런데 저자는 그 나라가 구체적으로 각자의 삶에 왔다고 선언하듯 말합니다. 내 삶에 임한 하나님나라라면 추상적이지 않습니다.

저자는 이 책에서 하나님나라의 복음이 삶에 구체적인 영향을 준다는 사실을 다양한 문제에 적용하여 보여줍니다. 하나님나라의 복음에서 힘을 얻어, 힘든 현실을 이겨낼 새 힘을 얻고 싶은 독자에게 이 책이 도움이 될 것입니다.

이처럼 하나님나라의 복음을 외치며, 건강한 교회를 세워가려 애쓰는 목회자가 있다는 것이 반갑습니다. 감사한 마음으로 복음을 사모하는 독자들에게 권합니다.

이찬수 목사_분당우리교회

복음은 우리가 믿으면 죽어서 천국에 갈 수 있다는 구원의 약속인 것만은 아닙니다. 이 땅에 이미 임한, 그러나 이 땅에서 아직 완성되지는 않은 하나님나라를 지금 경험하면서, 그 하나님나라가 내 삶과 내가 살아가는 세상에서 이뤄지기를 추구하는 크리스천으로 살아가도록 해주는 기쁜 소식입니다.

《킹덤설교》라는 이종필 목사님의 책에는 가슴에 스며드는 다양한 삶의 이야기들이 하나님나라의 이야기로 이어지고 있습니다. 하나님나라 이야기가 삶에서 멀리 있는 것이 아님을 보여줍니다.

하나님나라는 죽음 너머 세계의 이야기만이 아닙니다. 지금 여기, 현재를 사는 우리에게, 우리의 구체적인 삶 속에 임하는 것입니다.

이 책을 읽으면 우리의 일상과 일터에 임한 하나님나라를 발견할 수 있습니다. 우리는 이 책에서 하나님나라를 친밀하게 만날 것입니다. 그리하여 이 책은 하나님나라를 추구하는 이들이 삶 가운데서도 하나님나라 여행을 쉽고 흥미롭게 할 수 있게 도울 것입니다. 우리는 물론 거기서 멈추어선 안 됩니다. 우리의 삶이 하나님나라를 보여주며 기록해가는 하나님나라의 현장이 되어야 할 것입니다. 이 책이 우리를 그렇게 살아가도록 친절하게 안내해줄 것입니다.

이상갑 목사_청년사역연구소장

CONTENTS

3부 · 불편한 세상이 반가운 공동체가 된다

하나님나라가 내 삶에 온다

한국에서 온 좋은 소식

'지구 4만 킬로의 소원'이라는 OBS 다큐멘터리가 있다. 이 다큐는 불우한 환경 때문에 학교에 다닐 수 없는, 지구촌의 다양한 지역에 사는 어린이들을 찾아가 그들의 소원을 묻고, 두 마술사가 거리 공연을 통해 모금하여 그 소원을 들어주는 과정을 담은 따뜻한 프로그램이다. 이 다큐에 12세의 딸랍이라는 남자아이가 등장한다.

딸랍은 인도의 북서부 타르 사막 인근의 자이살마르라는 도시에서 엄마도 없는 불우한 환경 때문에 학교에 다니지 못하고, 건강이 좋지 않은 아빠 대신 사막에서 낙타 여행 가이드 일을 하며 그 수입으로 살아간다. 그의 하루 수입은 1불 정도. 한 달에 20일 남짓 사막에서 낙타를 몰고 관광객들의 여행을 돕는다. 겨우 하루하루를 연명하는 이 아이는 미래를 꿈꿀 수 없다. 인도라는 나라에서 이 아이를 도울 사람은 없다. 아이의 미래는 암담하다.

다큐 제작팀이 딸랍을 찾아갔다. 그리고 소원을 물었다. 딸랍은 주저하지 않고 자신의 소원을 말한다. 그의 소원은 낙타 한 마리를 갖는 것이었다. 당시 낙타 한 마리의 가격은 2000불 정도. 하루에 1불을 벌어 연명하는 아이에게 2000불은 말 그대로 꿈일 뿐이다. 그가 어떤 생각으로 낙타를 갖고 싶다고 했는지는 모른다. 아마도 낙타가 있다면 자신이 새로운 삶을 살 수 있다고 생각하지 않았을까?

소원을 들은 제작팀은 시내로 나갔다. 마술사들이 레스토랑과 공원 등에서 열심히 공연하여 돈을 모았다. 그리고 며칠 후 그를 다시 찾았다. 제작진은 그의 손을 잡고 낙타시장으로 가서 젊고 튼튼한 낙타 한 마리를 사 주었다.

4년 후 제작진은 다시 딸랍을 찾았다. 그 아이가 어떻게 달라졌는지 보기 위해서다. 16세가 돼 청년 느낌이 물씬 풍기는 그의 삶은 놀랍게 달라져 있었다. 그는 그 사이에 낙타를 10마리나 소유한 여행사 사장(!)이 되어 있었으며, 병든 아버지를 위해 마을에 건물을 매입하여 아버지를 모시며 여관으로 운영하고 있었다. 그는 전혀 새로운 삶을 살고 있었다. 자신의 힘으로 도저히 얻을 수 없는 낙타를 얻은 다음 열심히 사업을 한 모양이다. 이제 그는 미래를 꿈꿀 수 있게 되었다. 전혀 다른, 소망 있는 미래를 살아갈 수 있게 되었다.

복음은 하나님나라에서 온 좋은 소식

한 인도 아이의 이야기에서 복음을 이해할 수 있는 힌트를 얻는다. 그 아이는 자신이 살고 있는 인도가 아니라 한국에서부터 온 좋은 소식을 받았다. 그는 그 좋은 소식을 통해 자신의 힘으로 얻을 수 없는 전혀 새로운 삶을 얻었다. 모르긴 몰라도 그 아이는 한국이라는 나라, 그 나라로부터 온 소식, 자신의 삶을 바꾼 그 좋은 소식을 가는 곳마다 어디에서 누굴 만나도 이야기할 것이다.

복음, 즉 진정으로 좋은 소식은 이 세상에서 찾을 수 없다. 복음은 하나님께서 다스리시는 영원한 나라로부터 온 소식이다. 예수께서는 '하나님나라가 가까이 왔다'라는 말로 복음을 선포하셨다. 누구든지 예수를 주로 고백하고 하나님의 말씀대로 살아갈 때 새로운 삶을 누리게 된다. 하나님나라를 누리며 살아가는 사람은 누구나 이 땅을 떠날 때까지 주위에 있는 모든 사람들에게 그 이야기를 하게 될 것이다.

성경 전체는 복음을 증거하고 있다. 그 복음이 하나님나라를 성취하신 예수님을 주로 고백하며, 하나님나라를 누리는 '전혀 새로운 삶'을 살아가도록 우리를 초청하고 있다. 마치 인도의 한 아이가 한국으로부터 온 좋은 소식을 통해 전혀 새로운 삶을 누리게 되었듯이, 하나님나라로부터 사탄의 왕국인 이 세상에 온 좋은 소식은 우리의 삶을 진정으로 바꾸고, 이 세상을 회복할 것이다.

하나님나라를 삶의 현장에서 누리는 비결을 훈련하자

일반적으로 '하나님나라' 하면 죽어서 가는 내세(來世)의 영생을 떠올

린다. 물론 하나님나라는 내세의 영원한 삶을 포함한다. 하지만 하나님나라는 이생과 내세를 다 아우르는 개념으로, 하나님이 통치하시는 새로운 삶, 하나님의 통치가 구현되는 새로운 세상을 의미한다. 따라서 '하나님나라에 들어간다'는 말은 죽음 이후 사후 세계로 들어간다는 의미가 아니고, 예수 그리스도를 주로 영접하고 하나님의 주권적 통치를 받는 삶을 살아가게 된다는 것을 의미한다.

예수님께서는 자신의 공생애를 시작하시면서 하나님나라가 온다고 말씀하신다.

이 때부터 예수께서 비로소 전파하여 이르시되 회개하라 천국이 가까이 왔느니라 하시더라 _마 4:17

즉, 하나님나라가 우리의 삶의 현장에 임한다고 선포하신다. 나아가 그 나라를 경험하며 복된 삶을 살아가도록 우리를 초청하셨다.

수고하고 무거운 짐 진 자들아 다 내게로 오라 내가 너희를 쉬게 하리라 _마 11:28

필자가 쓴《하나님나라가 내 삶에 온다》가《킹덤설교》로 제목을 고쳐 다시 나오게 되니 참으로 감사하다. 복음을 주신 하나님께 감사하고, 수고하신 아르카 대표님께도 감사하다.

내 지인들 중엔 예수님을 믿고 교회에는 다니고 있는데 하나님나라를 누리지 못하는 이들이 너무나 많았다. 여전히 상처에서 헤어나오지 못하고, 세상에서 주입하는 생각에 세뇌되어 있고, 부정적인 생각에 갇혀 있으며, 평안이 없는 삶을 살아가고 있는 이들을 보면서 마음이 매우 안타까웠다. 하나님나라를 가르치고 증거해야 할 교회마저 하나님나라와 거리가 멀다는 것을 경험하고 절망한 목회자들을 많이 만났다. 이 책은 그들이 하나님나라를 삶의 현장에서 누리는 것을 돕기 위해 설교하고 강의했던 내용들을 묶은 것이다.

소망을 잃어버린 청년들, 과거의 상처와 경험에 얽매어 있는 성도들, 그리고 복음이 작동하는 교회를 꿈꾸는 이들에게 이 책이 소망이 되기를 기도하는 마음이다. 이 책을 통해 하나님나라가 내 삶에, 우리 교회 공동체에, 나아가 이 세상에 오는 놀라운 광경을 경험하고, 복음의 증인으로 살아가는 기쁨의 길을 출발해보자.

이종필 목사

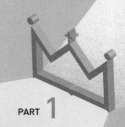

PART 1

하나님나라 복음을
제대로 만나자

하나님나라의 원형, 에덴

길을 잃은 소년

나는 초등학교 4학년 때 경기도의 시골 마을에서 초등학교를 다녔다. 서울에서 출퇴근하시던 담임선생님께서 여름방학 때 나와 내 친구를 서울로 초대하셨다. 서울에서 환상적인 하루를 보내고, 시외버스를 타고 시골 읍내로 돌아왔다. 마중 나온 친구 부모님이 자장면을 사주셔서 맛있게 먹고, 혼자 버스를 타고 15분 쯤 가서 우리 마을 앞 정류장에서 내렸다.

늘 다니던 길이었다. 캄캄한 밤이었지만 충분히 집을 찾아갈 수 있다고 생각했다. 그런데 어떻게 된 일인가? 내가 집으로 가까이 가려 할수록 집과 멀어지는 것이 아닌가? 한참 길을 가다가 다시 정류장으로 돌아왔다. 다시 정신을 가다듬고 집을 향해 발걸음을 뗐다. 하지만 한참을 가다 보니 집과 더욱 멀어지고 있었다. 아예 방향을 잃어버린 것이다. 또 정류장으로 돌아왔다. 두려움이 엄습하기 시작했다. 이러다 집에 가지 못할 수도 있겠구나 싶었다. 나도 모르게 평소에 부르던 찬양이 입에서 흘러나왔다.

"내 갈 길 멀고 밤은 깊은데 빛 되신 주, 저 본향 집을 향해 가는 길 비추소서."

두려움을 잊기 위한 주문 같은 것이었지만, 집으로 가고 싶은 나의 절박한 마음의 표현이었고 간절함이 깃든 읍소였다.

방향 감각을 잃고 길을 헤맨 지 두 시간 이상 지났다. 아무리 정신을 차리고 집에 가려고 해도 내 발걸음은 집과 멀어져갔다. 나중에 알게 된 사실이지만, 내가 캄캄해질 무렵에 버스를 타서 그런지 평소와 다르게 집으로 가는 길과 반대 방향을 향해 서 있었고, 버스 안에서 방향 감각을 잃어버렸던 것이다. 따라서 버스에서 내린 다음 자꾸 집과 반대 방향으로 갔던 것이다.

밤은 깊어가는데, 나 스스로 집을 찾아갈 수 있다는 확신이 점점 사라져갔다. 결국 나를 집으로 데려다 줄 누군가에게 도움을 청해야겠다고 결심했다. 하지만 이미 밤은 깊어졌고, 시골 길에 인적은 드물었다.

얼마 후, 찻길 옆으로 작은 빛 하나가 내가 있는 쪽으로 가까이 다가오고 있었다. 어떤 아저씨가 자전거를 몰고 지나가고 계셨던 거다. 너무나 반가웠다. 낯설고 무서웠지만 다른 방법이 없었다. 아저씨를 불러 자전거를 세우고, 자초지종을 설명한 다음 집 주소를 알려드렸다. 아저씨는 흔쾌히 타라고 하셨다.

자전거는 바로 출발했다. 그런데 아저씨는 내가 생각하는 집의 방향과 반대 방향으로 가는 것이 아닌가? 머리가 쭈뼛 서고 불길한 느낌이 들었다. 혹시 유괴를 당하는 것은 아닌가? 하지만 다른 방법이 없었다. 그냥 아저씨를 믿기로 했다. 아예 눈을 감고 처음 본 아저씨의 넓은 등에 얼굴을 묻었다. 그리고 10분 정도 지났을까, 아저씨가 내리라고 하셨다. 눈을 떠보니 집 앞이었다. 아저씨의 사랑의 도움으로 나는 길을 찾았고 집으로 갈 수 있었다. 스스로의 힘으로는 벗어날 수 없던 미로에서 빠져 나왔던 것이다. 몇 시간의 혼돈과 두려움이 순식간에 사라졌다. 놀라운 경험이었다.

하나님나라의 원형으로서의 에덴

예수께서 갈릴리에서 선포하기 시작한 '하나님나라'가 바로 회복된 세상의 모습이다. 창조된 만물 속에서 하나님과 인간이 서로의 행위에 충실하여 하나님의 복이 복원된 세상이다. 에덴동산은 바로 그 회복된 세상의 원형을 보여준다. 에덴동산은 예수께서 선포하신 '하나님나라'의 모습을 찾을 수 있는 단서이다. 선지자들은 다양한 방법으로, 본향으로서의 하나님나라 모습을 그려 보여주려 애썼다.

> 그 때에 맹인의 눈이 밝을 것이며 못 듣는 사람의 귀가 열릴 것이며 그 때
> 에 저는 자는 사슴 같이 뛸 것이며 말 못하는 자의 혀는 노래하리니 이는
> 광야에서 물이 솟겠고 사막에서 시내가 흐를 것임이라 뜨거운 사막이 변

하여 못이 될 것이며 메마른 땅이 변하여 원천이 될 것이며 승냥이의 눕

던 곳에 풀과 갈대와 부들이 날 것이며 거기에 대로가 있어 그 길을 거룩

한 길이라 일컫는 바 되리니 깨끗하지 못한 자는 지나가지 못하겠고 오직

구속함을 입은 자들을 위하여 있게 될 것이라 우매한 행인은 그 길로 다니

지 못할 것이며 _사 35:5-8

선지자들이 보여주는 그림은 '하나님나라'를 비유로 설명하는

것이다. 하나님나라의 실제적 모습은 에덴동산에서 하나님과 인간

사이의 언약 관계에 대한 서술에서 정확히 나타난다.

에덴동산의 모습을 살펴보자.

여호와 하나님이 그 사람을 이끌어 에덴동산에 두어 그것을 경작하며 지

키게 하시고 여호와 하나님이 그 사람에게 명하여 이르시되 동산 각종 나

무의 열매는 네가 임의로 먹되 선악을 알게 하는 나무의 열매는 먹지 말라

네가 먹는 날에는 반드시 죽으리라 _창 2:15-17

창세기 기자가 전하는 에덴동산에는 하나님께서 창조한 만물 가

운데 하나님의 백성으로 창조된 인간이 존재한다. 에덴동산에는 하

나님이 복을 주시는 행위로 가득하다. 하나님께서는 자신의 언약에

충실하심으로 인간에게 복을 주신다. 그리고 말씀하신다. "선악을 알

게 하는 나무의 열매를 먹지 말라"라고. 이 명령은 하나님의 통치에

순종하라는 말씀이 축약된 형태이다.

하나님의 말씀은 언약의 대상인 인간에게 무엇을 요구하는가? 피조물로서의 순종을 요구한다. 그 순종으로 하나님의 통치가 유지되는 한, 하나님의 복 주심은 계속된다. 하나님의 복 주시는 행위와 통치를 위한 말씀, 그에 대한 언약의 대상으로서 인간의 순종이 이루어지는 곳이 바로 에덴동산이었다. 하나님나라의 핵심은 바로 이 언약 관계에 있는 두 대상자의 신실함에 있다. 그러므로 인간이 에덴에서 쫓겨났다는 것은 인간이 언약에 신실하지 않았고, 따라서 하나님의 복 주시는 행위를 누릴 수 없게 되었다는 것이다.

인간이 열매를 먹으면 '반드시 죽으리라'는 말은 육체의 죽음을 포함하여 하나님의 복이 사라진 '창조주의 복 주시는 행위의 결여 상태'를 뜻한다. 인간은 스스로의 힘으로 살아가게 되었고, 그것이 모든 외로움과 허무함과 두려움의 시작이었다. 인간은 길을 잃었다. 피조물인 인간은 창조주의 복이 없이 온갖 분함과 노여움과 악의와 비방과 부끄러운 말 속에서 살아가게 되었다.

> 너희도 전에 그 가운데 살 때에는 그 가운데서 행하였으나 이제는 너희가
> 이 모든 것을 벗어 버리라 곧 분함과 노여움과 악의와 비방과 너희 입의 부
> 끄러운 말이라 _골 3:7-8

애시당초 인간은 스스로 길을 찾을 수 없는 존재였다. 그래서 성경은 우리가 돌아갈 본향을 보여주며, 그 본향으로 가는 법은 하나님과의 올바른 관계로 다시 돌아가는 것임을 보여준다. 우리가 그토록

갈망하는 구원, '이 악한 세상의 회복과 그 안에서 복을 누리게 됨, 나아가 내세의 영원한 복을 약속 받는 것'이 예수 그리스도를 통해 우리가 도달하게 될 하나님나라다. 이것이 바로 하나님과 인간의 언약적 신실함의 회복이며, 그 모습을 에덴동산 이야기가 잘 보여주고 있다.

성경 전체가 그 하나님나라를 선포한다. 스스로 하늘 보좌를 버리고 이 땅으로 내려오셔서, 죽음과 부활로 하나님나라를 성취하신 예수 그리스도를 우리가 본향으로 가는 진정한 길이라고 제시한다.

> 예수께서 이르시되 내가 곧 길이요 진리요 생명이니 나로 말미암지 않고는 아버지께로 올 자가 없느니라 _요 14:6

그 예수를 메시야로 믿으며 주인으로 영접하면 우리는 다시 하나님의 자녀로 인정받게 되며, 하나님과의 언약적 신실함으로 인도함을 받게 된다. 그렇게 하나님과 인간의 관계가 회복되어 하나님나라를 누리게 된다.

> 곧 우리가 (하나님과) 원수 되었을 때에 그의 아들의 죽으심으로 말미암아 하나님과 화목하게 되었은즉 화목하게 된 자로서는 더욱 그의 살아나심으로 말미암아 구원을 받을 것이니라 _롬 5:10

예수를 영접하고 에덴으로 돌아가자

우리 모두는 필자가 길을 잃었던 어린 시절 그때처럼 길을 잃어버렸음을 인정해야 한다. 어릴 적에 길을 찾을 수 없음을 인정하고 지나가는 아저씨에게 의존해 집으로 돌아갈 수 있었던 필자와 같이, 우리는 인생의 길을 스스로 찾을 수 없음을 인정해야 한다. 그리고 하나님이 우리를 본향으로 이끄시기 위해, 하나님이 복을 주시는 상태로 우리를 복원하시기 위해, 하나님과 인간의 진정한 언약적 신실함이 있었던 에덴으로 돌아가는 회복을 위해, 즉 우리를 진정으로 구원하시기 위해 하나님께서 보내신 메시야 예수를 우리 삶의 통치자로 영접해야 한다.

> 자기 땅에 오매 자기 백성이 영접하지 아니하였으나 영접하는 자 곧 그 이름을 믿는 자들에게는 하나님의 자녀가 되는 권세를 주셨으니 _요 1:11-12

스스로 자신의 삶을 구원할 수 없고, 스스로 하나님나라로 돌아갈 수 없다는 것을 인정하는 사람은 예수께 자신을 던질 수 있다. 그리고 하나님의 자녀로 새로운 삶을 누릴 수 있다. 그렇게 되면 하나님나라가 삶에 임한다.

예수를 영접한다는 것은 '자신의 죄가 없어졌다고 혼자 좋아하고 확신하는 것'이 아니라 '그분을 삶의 주인으로 인정하고 받아들이는 것'이다. 그러면 우리는 하나님의 통치에 신실하게 순종하여 하나님이 복을 주시는 행위를 누리는 하나님나라의 백성이 된다.

우리에게 하나님나라를 선포하신 예수는 하나님을 온전히 계시하신 분이시다. 바울은 예수를 하나님의 형상이라고 표현한다.

그는 보이지 아니하는 하나님의 형상이시요 … _골 1:15

따라서 예수를 주로 영접한다는 것은 예수께서 온전히 계시하시는 하나님과 원래의 관계로 회복된다는 것이다. 즉, 복을 주시고 말씀으로 우리를 통치하시는 하나님을 자신의 하나님으로 인정하고, 피조물로서 하나님의 복을 기대하고, 하나님의 통치 안에 자신을 위치시키는 것이다(창 1:28). 말씀에 의한 하나님의 통치 행위에 순종함으로 피조물로서 자신의 위치를 회복하고, 하나님과 원래의 관계로 돌아가는 것이다.

그러나 예수를 주로 영접하지 않은 인간은 스스로가 통치자가 되어 자신의 육체와 마음의 원하는 대로 살아간다. 이것이 회복되기 전의 인간의 상태이다.

그 때에 너희는 그 가운데서 행하여 이 세상 풍조를 따르고 공중의 권세 잡은 자를 따랐으니 곧 지금 불순종의 아들들 가운데서 역사하는 영이라 전에는 우리도 다 그 가운데서 우리 육체의 욕심을 따라 지내며 육체와 마음의 원하는 것을 하여 본질상 진노의 자녀이었더니 _엡 2:2-3

예수를 주로 영접하지 않은 상태는 자신의 욕망이 주(主)가 된 삶이다. 그것이 바로 하나님의 통치를 거부하고 자신의 욕망을 정당화시키는 이 세상 풍조를 따르는 삶이다. 다르게 표현하면 공중의 권세 잡은 자, 즉 인간을 유혹하여 하나님을 떠나게 한 사탄의 종이 된 상태이다. 바로 '하나님-인간'의 관계가 왜곡되고 뒤틀려진 상태를 말한다. 이것은 하나님의 복 주심이 결여된 상태이며, 인간은 무엇을 해도 스스로 자신에게 복을 줄 수 없는 상태이다.

성경에서 복은 오직 창조주이신 하나님만이 줄 수 있다고 말한다. 그래서 우리는 예수 그리스도를 통해 다시 하나님 앞에서 하나님의 피조물의 위치에 선다. 다시 복을 주시는 하나님에게 절대적으로 의존하는 마음으로, 하나님 말씀의 통치에 귀를 기울인다. 창조주이며 통치자이신 하나님의 말씀대로 살아가는 삶으로 회복된다. 그렇게 우리는 하나님의 복을 누리는 상태로 접어든다. 그것이 하나님나라가 내 삶에 오기 시작하는 것이다.

그 나라의 풍성함을 누리려면

예수의 십자가는 우리가 죄인임을 계시한다. 우리가 스스로 죄인임을 인정하고, 길을 잃었음을 인정하고 하나님의 통치 앞에 나아가면, 하나님의 복 주시는 은총이 재개된다. 나아가 '반드시 죽으리라'고 아담에게 말씀하셨던 하나님의 약속대로 '저주 받은' 이 세상이 하나님의 복 주시는 행위로 다시 회복된다.

예수의 부활은 우리가 회복되어 하나님나라를 누리며 살아갈 수 있음을 계시한다. 십자가의 죽음과 부활로 우리를 구원하신 예수를 믿는 자들에게는 성령이 임하신다. 그 성령은 길을 잃은 소년을 집으로 데려다 준 아저씨처럼 우리를 본향으로, 하나님나라로 인도하신다. 우리를 하나님의 복이 풍성한 그 영원의 나라로 인도하시는 것이다. 진리의 영이신 성령의 인도하심을 따라 그 나라의 풍성함을 누리는 것만이 인류와 이 사회의 유일한 소망이다.

> 내가 아버지께 구하겠으니 그가 또 다른 보혜사를 너희에게 주사 영원토록 너희와 함께 있게 하리니 그는 진리의 영이라 … 그러나 너희는 그를 아나니 그는 너희와 함께 거하심이요 또 너희 속에 계시겠음이라 내가 너희를 고아와 같이 버려두지 아니하고 너희에게로 오리라 _요 14:16-18

예수께서 약속하신 성령의 인도하심을 따라 살아가자. 그렇게 살아가며 하나님나라를 누리자. 하나님나라의 원형, 에덴을 회복하자.

말씀과 기도는 우리가 성령의 인도하심을 받게 한다. 따라서 우리는 하나님나라 복음을 알게 하는 말씀과 주님 나라와 의를 구하는 기도를 통해, 성령의 인도하심을 구하는 성도가 되어야 할 것이다. 이것이 우리가 이 땅에서 하나님나라를 누리기 위해 해야 할 유일한 소망의 행위이다.

두 번째 킹덤설교

우리 삶을 온전케 하실 예수님

가장 큰 잔치, 결혼식

결혼은 뭐니 뭐니 해도 인생 최고의 잔치다. 또한 목사가 인도해야 하는 중요한 예식 중 하나다. 목사가 된 후 2004년에 처음 결혼식 주례를 하게 되었다. 그 결혼예배는 세월이 많이 지났어도 결코 잊을 수 없는 기억으로 남아 있다. 신부가 불신자였다. 예배에 익숙하지 않은 신부 측 하객들을 두고 결혼예배를 인도한다는 것은 상당히 힘든 일이었다. 바람이 부는 날이었고 야외 결혼식이라, 바람에 원고가 날아갔던 것도 기억에 남는다.

　내가 그 결혼식을 잊지 못하는 이유는 또 다른 데 있었다. 결혼예배를 마친 후 벌어진 싸움 때문이었다. 예배를 마치고 사진을 찍고 있을 때, 어디선가 고성을 동반한 다툼 소리가 들려왔다. 그 소리는 예식이 진행되던 곳에서 약간 떨어진 음식 진열대에서 나온 것이었다.

아직 많은 사람들이 식사를 시작하지도 않았는데, 벌써부터 음식을 먹기 시작한 일부 하객 때문인지 음식이 일찍 떨어진 것을 두고 신랑 측 가족과 예식장 사이에 시비가 붙었던 것이다. 주문한 양과 다르게, 적게 준비한 게 아니냐는 시비 같았다.

우리나라가 경제적으로 풍요로워졌지만, 역시 서민에게 결혼식에서 가장 중요한 관심사는 음식이다. 음식이 떨어지면 많은 사람이 잔치를 망쳤다고 생각한다. 그 때문에 신랑 신부 가족들은 예식장 측과 싸움을 불사하지 않을 수 없었고, 결국 그 결혼식은 다른 것보다 싸움으로 기억에 남게 되었다. 한 마디로 음식이 떨어져 잔치가 망했던 것이다. 당시 예식을 인도했던 젊은 목사로서 기도가 부족하고 덕이 부족해서 그런가 싶어 민망하기도 했다. 하여튼 진땀을 뺀 결혼식이었다. 그날의 신랑과 신부는 지금 우리 교회에서 집사 부부로 출석하면서 건강한 가정을 이루며 잘 섬기고 있다. 지금도 가끔 그때 생각을 하면 웃음이 나온다.

혼인잔치에 참석하셔서 물을 포도주로 바꾸신 예수
예수께서 공생애를 시작하신 후 갈릴리 가나에 혼인잔치가 있었다. 예수님과 제자들도 그 잔치에 초청을 받게 되었다. 예수께서 참석하신 그 혼인잔치의 다른 일들에 대해선 전혀 기록되지 않았다. 다만 잔치에 포도주가 떨어졌다는 것만 부각된다.

예수와 그 제자들도 혼례에 청함을 받았더니 포도주가 떨어진지라 …

_요 2:2-3

예수님의 어머니는 포도주가 떨어진 사실을 아들에게 알리시고, 하인들에게 그의 말을 들으라고 권하신다.

예수의 어머니가 예수에게 이르되 저들에게 포도주가 없다 하니 … 그의 어머니가 하인들에게 이르되 너희에게 무슨 말씀을 하시든지 그대로 하라 하니라 _요 2:3,5

예수께서는 하인들에게 정결 예식을 위해 물을 받아 놓는 돌항아리에 물을 채우라고 명하시고, 연회장에게 갖다 주라고 하셨다. 물은 최상급 포도주로 변화되어 있었고, 망할 뻔한 잔치는 최고의 잔치로 마무리될 수 있었다. 예수께서 물을 포도주로 바꾸신 행적을 통해 제자들은 예수님을 믿게 되었다. 예수께서 물을 포도주로 바꾸신 사건의 요점은 그가 도저히 불가능한 일을 가능하게 하셨다는 것과, 그의 능력이 잔치를 온전케 하셨다는 것에 있다. 가나의 혼인잔치는 예수님 때문에 더 풍성해질 수 있었다.

말하되 사람마다 먼저 좋은 포도주를 내고 취한 후에 낮은 것을 내거늘 그대는 지금까지 좋은 포도주를 두었도다 하니라 _요 2:10

초자연적인 표적(이적)의 역할

성경에는 일반적으로는 일어날 수 없는 많은 이적들이 기록돼 있다. 병을 고치시고, 귀신을 쫓아내시고, 바다를 잔잔케 하시고, 죽은 자를 살리시는 예수님의 이야기가 모든 복음서에 다양하게 기록되어 있다. 심지어 바울이나 베드로 같은 사도들의 이적 이야기들이 사도행전에 나오기도 한다. 우리는 이런 초자연적인 이적을 어떻게 보아야 하는가? 어떤 사람들의 주장처럼, 그 이적들은 신화적 사고를 가지고 있던 예전 사람들이 인간에 불과했던 예수를 신격화하기 위해 꾸며낸 이야기일까? 예수님을 믿지 않는 많은 현대인에게는, 이러한 이적 이야기가 오히려 예수님의 이야기인 복음서와 성경 전체를 부인하게 만드는 역할을 하는 것도 사실이다.

하지만 예수의 초자연적 이적과 사도들의 이적은 하나님나라가 이 땅에 임하는 능력의 상징이었다. 하나님께서 이 땅에 하나님의 아들을 보내시고 하늘의 일을 드러내실 때, 그 상징으로서 놀라운 일들이 일어난 것이다. 하나님의 아들이 이 세상에서 아무런 초자연적 이적을 일으키지 않았다면, 제자들이 어떻게 그를 하나님의 아들로 믿을 수 있었겠는가? 제자들이 어떻게 그를 주로 고백하고 그에 대한 기록을 남기고, 그를 위해 순교할 수 있었겠는가?

예수께서 일으키신 이적들은 1세기 당시의 제자들과 현대를 살아가는 우리가, 일개 유대 청년이었던 예수님을 하나님의 아들이자 메시야로 고백하게 하는 결정적 증거들이다. 어떤 사람들은 예수께서 이적을 일으키셨다는 것을 믿을 수 없기에 복음서를 부인하고 예수를 믿지 않지만, 어떤 사람들은 예수께서 이적을 일으키셨기에 그를 하나님의 아들로 믿는다.

하나 더 추가 질문을 하자. 만약 예수님의 이적 이야기가 없었다면 지금 예수를 주로 고백하지 않는 사람들이 그를 메시야로 믿겠는가? 당연히 그렇지 않을 것이다. 특별한 이적을 일으키지 않은 평범한 인간이 하나님이 보내신 하나님의 아들이며, 하나님의 계획을 성취하는 메시야라고 믿을 사람은 아무도 없을 것이다. 예수님의 이적 이야기가 복음서에 없다면 신앙생활을 하는 우리까지도 예수를 하나님의 아들로 믿고, 그분의 말씀에 순종하며 살아가지 않을 것이다. 이적은 성경에서 필수적인 이야기다.

예수님의 이적들은 하나님나라가 임하는 것을 드러내는 표적이었다. 요한은 물을 포도주로 바꾸신 사건을 첫 표적(헬, 세메이온)이라고 했다(요 2:11). '표적'이라는 말은 '겉으로 드러난 표시'라는 뜻이다. 요한은 예수님께서 이 사건을 통해 뭔가 감추어져 있는 것을 겉으로 드러내고 계신다고 우리에게 말하고 있다. 예수께서 이 표적을 통해 자신이 하나님의 아들이며, 하나님의 영광을 소유하고 계신 분임을 드러내고 계시다는 사실을 요한이 독자에게 이야기하고 있다.

표적이라는 단어는 '이적'이라고도 번역될 수 있다. 이적은 보통 '초자연적인 기적'을 의미한다. 예수께서 하나님의 아들이시라면 하나님의 아들이심을 겉으로 드러내는 표시가 반드시 있어야 하며, 그 표시는 일반적이지 않은 일이어야 한다. 이러한 일반적이지 않은 일을 통해 예수께서 하나님의 아들이라는 믿음이 발생한다. 이러한 표적(이적)을 믿지 못하는 사람은 과학적이고 합리적인 사람이라기보다, 하나님과 그의 아들 예수 그리스도를 믿지 못하고 의심하는 사람이다. 물을 포도주로 바꾸신 예수의 사건은 21세기를 살아가는 우리에게 믿음을 발생시킨다. 예수만이 하나님의 구원을 이 땅에 성취하시기 위해 오신 메시야이다. 그의 표적은 그가 하나님이 보내신 분임을 증거하며, 그를 믿을 때 하나님나라가 우리에게 초자연적으로 도래할 수 있다는 것을 믿게 한다.

> 예수께서 이 첫 표적을 갈릴리 가나에서 행하여 그의 영광을 나타내시매
> 제자들이 그를 믿으니라 _요 2:11

구약에서부터 예고된 하나님나라의 표적(이적)

모세는 바로에게 하나님의 권위를 드러내기 위해 놀라운 이적들을 행했다. 그 이적들은 모세가 위대한 인물이라는 게 아니라, 하나님이 강하고 위대한 신이라는 사실을 증거하는 것이었다.

> 여호와께서 이르시되 그것을 땅에 던지라 하시매 곧 땅에 던지니 그것이
> 뱀이 된지라 모세가 뱀 앞에서 피하매 여호와께서 모세에게 이르시되 네
> 손을 내밀어 그 꼬리를 잡으라 그가 손을 내밀어 그것을 잡으니 그의 손에
> 서 지팡이가 된지라 이는 그들에게 그들의 조상의 하나님 곧 아브라함의
> 하나님, 이삭의 하나님, 야곱의 하나님 여호와가 네게 나타난 줄을 믿게 하

려 함이라 하시고 _출 4:3-5

구약의 많은 이적들은 이스라엘 민족이 비록 초라하고 연약한 민족이었지만, 그들을 택하신 야훼 하나님은 위대한 신이라는 사실을 증거했다.

구약의 선지자들은 메시야가 초자연적인 방법으로 하나님나라의 도래를 드러낼 것이라고 예언했다. 장차 하나님의 구원을 이룰 메시야가 세상에 올 것이며, 그가 놀라운 이적으로 하나님나라의 도래를 드러낼 것이다.

> 그 때에 맹인의 눈이 밝을 것이며 못 듣는 사람의 귀가 열릴 것이며 그 때에 저는 자는 사슴 같이 뛸 것이며 말 못하는 자의 혀는 노래하리니 이는 광야에서 물이 솟겠고 사막에서 시내가 흐를 것임이라 뜨거운 사막이 변하여 못이 될 것이며 메마른 땅이 변하여 원천이 될 것이며 승냥이의 눕던 곳에 풀과 갈대와 부들이 날 것이며 거기에 대로가 있어 그 길을 거룩한 길이라 일컫는 바 되리니 깨끗하지 못한 자는 지나가지 못하겠고 오직 구속함을 입은 자들을 위하여 있게 될 것이라 우매한 행인은 그 길로 다니지 못할 것이며 _사 35:5-8

예수님은 초자연적인 이적들을 통해 구약의 선지자들이 약속한 모든 말씀을 성취하셨다. 예수는 하나님이 보낸 메시야로서, 하나님이 다스리심으로 회복될 세상, 즉 하나님나라를 성취하실 분이라는 증거를 바로 표적(이적)들을 통해 드러내셨던 것이다. 요한은 물을 포도주로 만드는 이 표적을 통해 영광, 즉 예수님의 존재의 권위가 드러났으며, 나아가 제자들이 그를 믿고 신뢰하게 되었다고 증거한다. 혼인잔치의 표적을 포함해 예수님의 표적들은 그가 갈릴리에서 선포하셨던 하나님나라가 임한 표적이었던 것이다.

> 예수께서 온 갈릴리에 두루 다니사 그들의 회당에서 가르치시며 천국 복음을 전파하시며 백성 중의 모든 병과 모든 약한 것을 고치시니 그의 소문이 온 수리아에 퍼진지라 사람들이 모든 앓는 자 곧 각종 병에 걸려서 고통당하는 자, 귀신 들린 자, 간질하는 자, 중풍병자들을 데려오니 그들을 고치시더라 갈릴리와 데가볼리와 예루살렘과 유대와 요단 강 건너편에서 수많은 무리가 따르니라 _마 4:23-25

첫 표적은 하나님나라를 약속한다

요한은 복음서를 마무리하면서, 예수께서 행하신 일들이 자신의 복음서에 기록된 이외에도 엄청나게 많았다고 고백한다.

> 예수께서 행하신 일이 이 외에도 많으니 만일 낱낱이 기록된다면 이 세상이라도 이 기록된 책을 두기에 부족할 줄 아노라 _요 21:25

그렇다면 요한은 왜 이 포도주 표적을 택하여 자신의 복음서의 첫 번째 표적으로 기록했을까? 요한은 자신의 복음서 1장에서 예수를 성육신하신 로고스로, 생명으로, 독생하신 하나님으로, 메시야 등으로 다양하게 소개한다. 그리고 2장부터 그 예수께서 하신 일들을 기록한다. 그 첫 번째가 바로 물을 포도주로 바꾸심으로 잔치를 온전케 하신 사건이다. 예수님의 이적은 다른 복음서들에도 수십 가지 이상 기록되어 있다. 요한은 부활 전에 예수께서 행하신 수많은 초자연적 이적들 중에 단 여섯 가지만 기록했고, 그 중에서도 물로 포도주를 만드신 사건을 첫 번째로 기록했다. 이 첫 이적은 예수께서 우리에게 하나님나라를 성취해주실 분임을 가장 잘 드러내며, 동시에 요한복음에 기록된 이후의 모든 사건들의 대표 역할을 한다.

유대인의 잔치에서 가장 중요한 것은 포도주이다. 포도주가 빠진 잔치는 바로 지금 온 인류의 생명 없는 상태, 즉 사망의 상태를 말한다. 하나님께서 주신 참된 생명, 즉 하나님과의 친밀함과 하나님께서 주신 인생의 목적과 미래에 대한 보장을 믿고 누리는 삶이 없이, 외로움과 허무함과 두려움 속에서 욕망에 이끌려 살아가는 인류의 상태가 바로 포도주가 부족한 잔치이다. 열심히 잔치를 준비한 신랑과 신부를 생각해 보라. 그들은 잔치를 위해 최선을 다한다. 하지만 그들의 노력은 부족했다. 잔치가 비극으로 끝날 위기에 처했다. 그래서 그들은 좌절한다. 하지만 예수께서 잔치를 온전케 하셨다.

우리 인생은 잔치와 같다. 열심히 미래를 준비하려고 노력한다. 행복을 위해 수고한다. 하지만 우리의 모든 시도는 부족하다. 인간의 철학과 정치도, 인간이 만들어낸 수많은 종교도, 개인의 모든 노력과 물질과 권력도 우리 삶을 진정으로 풍성하게 할 수 없다. 예수는 이 이적을 통해 자신이 하나님나라의 참된 생명을 우리에게 주실 수 있는 유일한 분이심을 증거하고, 자신을 믿고 하나님의 백성이 되어 그분의 통치 가운데 살아가면서 참된 생명을 누리라고 말씀하고 있다. 예수님만이 우리를 사망에서 생명으로 옮기실 수 있는 분이다.

> 내가 진실로 진실로 너희에게 이르노니 내 말을 듣고 또 나 보내신 이를 믿는 자는 영생을 얻었고 심판에 이르지 아니하나니 사망에서 생명으로 옮겼느니라 _요 5:24

왜냐하면 그분 안에 생명이 있기 때문이다.

> 그 안에 생명이 있었으니 이 생명은 사람들의 빛이라 _요 1:4

예수께서 주시는 참된 생명이 곧 하나님나라다. 하나님나라는 잔치를 준비하는 것으로는 불가능하다. 하나님나라는 돈과 명예와 인간관계 같은 세상의 것들로 주어질 수 없다. 하나님나라는 우리가 예수님을 믿음으로 하나님과의 관계가 회복되고, 그 나라의 백성으로서 순종하며 살아갈 때 주어진다. 하나님께서 우리를 인도하시고 다스리시며, 우리가 그분의 통치에 순종하며 하나님의 복을 누리게 될 때, 우리 인생은 참된 생명으로 풍성하며 온전케 된다.

예수님은 하나님을 계시하며, 우리를 온전히 하나님께서 인도해 주시는 분이시다.

> 예수께서 이르시되 내가 곧 길이요 진리요 생명이니 나로 말미암지 않고는
> 아버지께로 올 자가 없느니라 _요 14:6

우리가 예수를 믿으면 보혜사 성령께서 우리에게 찾아오신다. 우리를 하나님의 말씀 안에 있는 풍성한 진리로 인도하시고, 하나님의 말씀의 통치에 순종하게 하신다.

> 너희가 나를 사랑하면 나의 계명을 지키리라 내가 아버지께 구하겠으니 그
> 가 또 다른 보혜사를 너희에게 주사 영원토록 너희와 함께 있게 하리니 그
> 는 진리의 영이라 세상은 능히 그를 받지 못하나니 이는 그를 보지도 못하
> 고 알지도 못함이라 그러나 너희는 그를 아나니 그는 너희와 함께 거하심
> 이요 또 너희 속에 계시겠음이라 내가 너희를 고아와 같이 버려두지 아니
> 하고 너희에게로 오리라 _요 14:15-18

예수를 믿고 하나님의 말씀에 순종하며 나아갈 때, 우리의 삶에 하나님나라가 임한다. 이를 위해 우리는 우리 스스로의 욕망 가운데 살아가던 삶을 돌이켜 보혜사 성령의 인도하심을 따라 살아가야 한다. 성령에 충만해야 한다. 그러면 하나님나라의 풍성한 삶이 우리에게 주어진다.

내가 이르노니 너희는 성령을 따라 행하라 그리하면 육체의 욕심을 이루

지 아니하리라 _갈 5:16

우리 삶을 온전케 하실 예수님

예수는 신뢰할 만하다. 그분의 표적들은 그의 권위를 보여준다. 구약을 온전히 성취하신 그분은 우리의 참된 메시야이시다. 이제 우리가 그 예수를 신뢰하면, 그를 믿으면 하나님나라의 평강과 기쁨을 누린다. 하나님과의 친밀한 교제가 우리 안에 넘친다. 하나님을 사랑하고 이웃을 사랑하며, 하나님의 놀라운 임재가 나타난다.

초대교회는 하나님나라를 누리는 개인들이 만들어낸 아름다운 공동체를 보여주었다.

믿는 무리가 한마음과 한 뜻이 되어 모든 물건을 서로 통용하고 자기 재물을 조금이라도 자기 것이라 하는 이가 하나도 없더라 사도들이 큰 권능으로 주 예수의 부활을 증언하니 무리가 큰 은혜를 받아 그 중에 가난한 사람이 없으니 이는 밭과 집 있는 자는 팔아 그 판 것의 값을 가져다가 사도들의 발 앞에 두매 그들이 각 사람의 필요를 따라 나누어 줌이라 _행 4:32-35

예수를 믿자. 예수를 신뢰하자. 예수께서 주실 하나님나라의 풍성함을 소망하자. 예수를 바라보면서 죄를 회개하고 하나님께 나아가자. 그분이 생명을 주시는 분임을 신뢰하자. 그분의 말씀을 따라 살

아가면 하나님의 통치에 따른 놀라운 복이 주어진다.

이사야는 한 왕이 우리를 다스릴 것이라고 말씀한다.

> 보라 장차 한 왕이 공의로 통치할 것이요 방백들이 정의로 다스릴 것이며
> 또 그 사람은 광풍을 피하는 곳, 폭우를 가리는 곳 같을 것이며 마른 땅에
> 냇물 같을 것이며 곤비한 땅에 큰 바위 그늘 같으리니 _사 32:1-2

예수는 우리를 다스리시는 왕이시다. 그분의 통치 아래에서 우리는 세상의 모든 광풍과 폭우를 피해 안전히 거할 수 있다. 그에게 순종하는 자들에게 놀라운 하나님의 평강이 임할 것을 믿고 순종하자.

> 마침내 위에서부터 영을 우리에게 부어 주시리니 광야가 아름다운 밭이 되
> 며 아름다운 밭을 숲으로 여기게 되리라 그 때에 정의가 광야에 거하며 공
> 의가 아름다운 밭에 거하리니 공의의 열매는 화평이요 공의의 결과는 영
> 원한 평안과 안전이라 _사 32:15-17

잔치를 온전케 하시는 예수께서, 오늘부터 당신의 미래와 내세의 삶을 온전케 하실 것이다.

우상 숭배에서 하나님의 통치로

부산행 열차를 지옥행 열차로 바꾸는 탐욕

연상호 감독의 영화 〈부산행〉이라는 '좀비영화'가 2016년 천만 관객이 든 영화로 등극했다. 이 영화는 엄마를 만나러 가는 딸과 아빠를 비롯한 승객들이 저마다의 행복을 위해 서울에서 부산으로 가는 KTX 열차에 탔는데, 그 열차가 좀비 천지의 지옥행 열차가 되는 과정을 그리고 있다. 영화의 결말에 임신한 여성과 여자 아이는 구조되지만, 이 영화에서 주목할 것은 자신의 행복을 위해 살아가던 모든 사람이 좀비가 되어버리는 과정이다.

영화의 첫 머리에, 한 바이오 회사가 관리하던 유독 물질에 의해 오염되어 좀비가 되어버린 고라니가 등장한다. 사실 이 바이오 회사는 사라져야 할 회사였는데, 투자회사의 펀드매니저가 자신의 금전적 유익을 위해 살려낸 기업이었다. 말하자면 투자회사와 펀드매니저의 탐욕과 바이오 회사의 탐욕으로 인해 부산행 열차를 지옥행 열차로 만들어버린 좀비가 처음 생겨났던 것이다. 그 좀비 고라니로 인해 사람이 좀비가 되고, 좀비 인간으로 인해 모든 사람이 좀비가 되어 간다.

부산행 열차에 탄 사람들이 좀비가 되어가는 과정도 역시 탐욕 때문이다. 좀비가 늘어가는 열차 안에서 자신만 살아남으려는 이기심에 불탄 이들을 통해 열차에 탄 모든 사람들이 좀비로 변해간 것이다. 사람들이 탐욕에 의해 판단하고 행동하면서 열차는 점점 더 불행해진다. 단순히 바이오 회사의 탐욕으로 만들어진 유독 화학물질이 좀비를 만들어낸 원인이라기보다, 그 과정에서 모두를 좀비로 만들어가는 핵심 원인은 개인과 개인의 탐욕이다. 펀드매니저의 탐욕, 바이오 기업의 탐욕, 자신만 살려는 사람들의 모든 탐욕이 원인이다. 모두가 행복하려고 탐욕을 따르지만, 그 탐욕이 모두를 불행하게 만든다. 결국 탐욕이 세상 모두를 불행하게 한다는 것이 이 영화의 메시지라고 할 수 있다.

탐욕은 우상 숭배의 결과

이 영화에서 제기하는 탐욕의 문제는 단순히 어떤 개인의 이기심이 아니다. 이 영화는 특별한 몇몇 이기적 인간을 고발하는 것도 아니다. 영화 〈부산행〉이 제시하는 '탐욕이 작동하여 모두가 불행해지는 열차 이야기'는 사실 '하나님의 통치를 거부하고 우상 숭배에 빠져 있는 세상 이야기'이다.

성경적으로 이 영화를 읽어 본다면, 부산행 열차는 에덴동산에서 쫓겨난 인간들의 세상이다. 하나님의 통치를 거부한 인간은 사망이 지배하는 세상을 만들어냈다.

> 여호와 하나님이 에덴동산에서 그를 내보내어 그의 근원이 된 땅을 갈게
> 하시니라 이같이 하나님이 그 사람을 쫓아내시고 에덴동산 동쪽에 그룹들
> 과 두루 도는 불 칼을 두어 생명 나무의 길을 지키게 하시니라 _창 3:23-24

하나님이 주시는 생명이 없는 인간은 사망의 상태에 있다. 사망의 상태란 '인간에게 진정한 생명을 부여하는 하나님의 통치가 단절되어 있는 삶'을 말한다. 시편 1편에 등장하는 시냇가에 심은 나무는 하나님의 통치를 따르는 생명이 있는 인생을 의미하고, 이와 대조되는 '바람에 나는 겨'는 바로 사망의 상태에 있는 인생을 보여준다.

> 그는 시냇가에 심은 나무가 철을 따라 열매를 맺으며 그 잎사귀가 마르지
> 아니함 같으니 그가 하는 모든 일이 다 형통하리로다 악인들은 그렇지 아
> 니함이여 오직 바람에 나는 겨와 같도다 _시 1:3-4

바람에 나는 겨는 하나님 말씀의 통치를 따라 살아가지 않는 인류를 말한다. 부산행 열차에 등장하는 '사망의 상태에 있는 존재'인 좀비는 바로 하나님의 통치와 단절되어 하나님의 복이 사라진 세상

에서 사탄의 노예가 되어 살아가는 인간의 모습을 보여주는 것이다.

하나님의 통치를 거부한 인간은 자신이 만들어내는 다양한 우상을 섬긴다. 그 우상은 자신의 미래를 보장하고 자신의 소원을 들어줄 수 있다고 여겨지는 해, 달, 산과 같은 피조물들에서 인간이 스스로 상상하여 만든 절대적 능력을 가진 신들까지 다양하다. 그렇게 인간은 자신의 탐욕을 이뤄줄 대상이라면 무엇이든 섬긴다. 따라서 성경은 탐욕을 우상 숭배의 결과라고 경고한다.

> 그러므로 땅에 있는 지체를 죽이라 곧 음란과 부정과 사욕과 악한 정욕과 탐심이니 탐심은 우상 숭배니라 이것들로 말미암아 하나님의 진노가 임하느니라 _골 3:5-6

결국 탐욕은 하나님을 거부한 우상 숭배의 결과이고, 하나님의 진노를 불러온다. 우상 숭배는 우리 자신을, 나아가 우리가 살아가는 세상을 망가트리고 불행하게 만든다.

우상은 아무 것도 아닌 것(Nothing)

기독교인은 표면적으로는 우상을 숭배하는 사람들이 아니다. 하지만 우리는 여전히 다양한 방식으로 우상 숭배에서 벗어나지 못한다. 하나님나라를 누리며 살아가지 못하는 것이다. 하나님의 통치에 순종하여 새로운 삶을 누리기 위해서는 먼저 우상이 무엇인지 깊이 생각해 보아야 한다. 우상이 무엇인가? 우상은 실체가 있는 것인가? 우상은 과거에도 지금에도, 원래 아무 것이 아니다. 하나님께서 인류를 구원하기 위해 선택한 이스라엘 백성들에게 주신 첫 계명은 하나님 외에 다른 신들이 없다는 것이다.

> 너는 나 외에는 다른 신들을 네게 두지 말라 _출 20:3

여기서 '다른 신들'(엘로힘 아헤림)이라는 표현이 나오는데, 이 표현은 구약 성경에 44번 나온다. 그들은 주로 여러 모양의 형상으로 표현되었다. 따라서 십계명은 "너는 나 외에는 다른 신들을 네게 두지 말라"는 1계명에 이어 "형상을 만들지 말라"는 2계명으로 이어진다.

> 너를 위하여 새긴 우상을 만들지 말고 또 위로 하늘에 있는 것이나 아래로 땅에 있는 것이나 땅 아래 물 속에 있는 것의 어떤 형상도 만들지 말며 그것들에게 절하지 말며 그것들을 섬기지 말라 _출 20:4-5a

존재론적으로 우상은 아무 것도 아닌 것이다. 실제로 다른 신들은 없다.

> 그러므로 우상의 제물을 먹는 일에 대하여는 우리가 우상은 세상에 아무 것도 아니며 또한 하나님은 한 분밖에 없는 줄 아노라 _고전 8:4

다른 신들이란 인간이 하나님을 반역한 이후 자신들의 욕망에 따라 만들어낸 것들일 뿐이다. 우상은 하나님이 아닌 것(로 엘)이며, 허무한 것일 뿐이다.

> 그들이 하나님이 아닌 것으로 내 질투를 일으키며 허무한 것으로 내 진노를 일으켰으니 나도 백성이 아닌 자로 그들에게 시기가 나게 하며 어리석은 민족으로 그들의 분노를 일으키리로다 _신 32:21

그럼에도 우상은 의미 있는 실재(Something)

하지만 우상은 그것을 믿는 자들에게 실재로 존재하는 것이다. 지금까지 살펴본 대로 우상이 아무 것이 아님에도 불구하고, 성경은 끊임없이 우상을 경계한다. 신학자 크리스토퍼 라이트가 강조했듯이 우상은 실제로 아무 것도 아니지만(nothing), 하나님을 떠난 인간에게는 매우 의미심장한 어떤 것(something)이기 때문이다. 따라서 성경은 끊임없이 하나님의 백성이 된 이스라엘 민족에게, 그리고 신약의 교회에게 우상을 숭배하지 말라고 말씀한다.

> 너희는 다른 신들 곧 네 사면에 있는 백성의 신들을 따르지 말라 너희 중에 계신 너희의 하나님 여호와는 질투하시는 하나님이신즉 너희의 하나님 여호와께서 네게 진노하사 너를 지면에서 멸절시키실까 두려워하노라 _신 6:14-15

또 아는 것은 하나님의 아들이 이르러 우리에게 지각을 주사 우리로 참된

자를 알게 하신 것과 또한 우리가 참된 자 곧 그의 아들 예수 그리스도 안

에 있는 것이니 그는 참 하나님이시요 영생이시라 자녀들아 너희 자신을

지켜 우상에게서 멀리하라 _요일 5:20-21

존재론적으로 아무 것도 아닌 우상이, 아무 능력이 없는 형상들
이 의미 있는 실재가 되는 이유는, 인간이 우상에게 의미를 부여하기
때문이다. 하나님의 통치를 떠나 스스로 삶을 풍요롭게 하려는 인간
은 한계에 부딪힌다. 인간은 그 한계를 극복하기 위해 자신의 소원
을 이뤄줄 존재를 찾는다. 말씀하시는 하나님께 순종하여 하나님의
복을 누려야 하는 인간이 하나님의 통치를 벗어나 풍요를 누리려 하
면, 우상 숭배는 필연적이다. 자신에게 안정을 가져다 줄 수 있다고
생각하는 모든 것이 우상이 된다. 자신의 미래를 풍요롭게 해 줄 수
있을 것이라 생각하는 모든 것이 우상이 된다. 자신을 두려움으로부
터 벗어나게 해 줄 수 있을 것이라 믿는 것은 무엇이라도 우상이 된
다. 따라서 우상 숭배는 하나님의 통치로부터 우리를 멀어지게 하고,
하나님이 기뻐하시지 않는 삶을 살게 만든다. 우리를 지켜주고 풍요
롭게 해줄 수 없는 것들에 의미를 부여하여 우상을 만들고, 그 우상
에게 최고의 가치를 두게 하는 우상 숭배는 하나님을 벗어난 인간의
삶의 방식 자체였다.

우상 숭배는 여러 대륙의 원주민들이 만들었던 토템 형상들에만
나타나는 게 아니다. 현대를 살아가는 우리 인간이 하나님의 통치 안

에 있지 않을 때, 바로 거기에 존재하는 삶의 방식이 우상 숭배다. 우상 숭배의 문제는 다른 신을 섬기는 데 있는 것이 아니라, 자신의 탐욕에 통치를 받으며 살아가는 데 있다.

현대 사회에서 우리는 훨씬 더 다양한 방식으로 돈과 자본주의, 과학에 의한 진보, 사회 시스템, 각종 쾌락과 즐길 거리들을 숭배한다. 그 속에서 우리는 우리도 모르는 사이에 탐욕에 의한 삶을 살아간다. 때로 우리는 돈을 벌기 위해 하나님의 말씀을 어긴다. 우리는 더 나은 사회 시스템을 만들기 위해 하나님의 말씀을 어긴다. 우리는 쾌락과 즐길 거리들에 시선을 빼앗겨 하나님의 말씀을 어긴다. 하나님의 형상으로 하나님의 창조 목적을 위해 살아가지 못하고, 사탄의 유혹을 따라 우리의 욕망에 충실한 삶을 살아간다.

우상 숭배는 우리에게 끊임없는 유혹이다. 우상 숭배는 하나님의 말씀이 우리를 다스리지 못하게 만들고, 욕망을 따라 다양한 죄를 짓게 한다. 쾌락을 위해 음행하게 만들고, 자신의 풍요를 위해 탐욕적 삶을 살게 한다. 그래서 결국 우리가 진정으로 원하는 하나님의 복을 누리지 못하게 된다.

> 너희도 정녕 이것을 알거니와 음행하는 자나 더러운 자나 탐하는 자 곧 우상 숭배자는 다 그리스도와 하나님의 나라에서 기업을 얻지 못하리니 누구든지 헛된 말로 너희를 속이지 못하게 하라 이로 말미암아 하나님의 진노가 불순종의 아들들에게 임하나니 _엡 5:5-6

우상 숭배에서 하나님의 통치로

우상을 섬기지 않고 하나님을 섬긴다는 것은 하나님을 '선악의 판단자, 최종적인 권위'로 인정하는 것이다. 우상에 의미를 부여하지 않고, 모든 것을 채우실 하나님을 신뢰하며 그분의 통치에 순종하는 것이다.

우상 숭배는 우리를 멸망하게 한다. 모두를 불행하게 한다. 탐욕을 따르는 삶, 그것을 위해 기도하는 삶은 우리를 더욱 절망적인 상태에 몰아넣는다.

예수를 주(主)로 영접하자. 그리고 삼위일체 하나님의 통치를 따라 살아가자. 하나님을 당신의 하나님이 되게 하고, 우상이 실제로 아무 것도 아닌 것이 되게 하자. 하나님께서 최종적인 권위자가 되게 하고, 그분에게 순종하자. 하나님의 말씀을 따라 하나님의 통치를 우리의 삶에 구현하자. 하나님을 사랑하고 이웃을 사랑하는 새로운 삶의 방식을 예수님의 모범으로부터 배우자. 그러면 하나님으로부터 내려오는 진정한 기쁨과 평안과 충만함이 있는 참된 생명이 찾아올 것이다.

> 내가 진실로 진실로 너희에게 이르노니 내 말을 듣고 또 나 보내신 이를 믿는 자는 영생을 얻었고 심판에 이르지 아니하나니 사망에서 생명으로 옮겼느니라 _요 5:24

복음의 대체재를 따르지 말라

영화 <프리덤>

<프리덤>이라는 영화를 보면 1748년 노예운반책으로 많은 노예를 싣고 미국을 향해 닻을 올리는 한 백인 남성이 나온다. 그는 영국 런던에서 가톨릭 신자였던 아버지와 독실한 개신교 신자인 어머니에게서 태어났지만, 노예 무역선의 선장인 아버지를 따라 11세 때부터 배를 타게 되었다.

당시의 노예들은 가축 이하의 대우를 받았음은 물론 열악한 환경 속에서 목적지에 도착하기 전에 반 정도가 간염, 탈수, 영양실조 등으로 사망했다고 한다. 하지만 그는 그런 모습을 보고도 당연하게 여겼으며 양심의 가책을 느끼지 못했다. 그는 돈과 성공의 노예가 되어 흑인들을 미국에 공급하는 일에 매진한다. 사랑하는 여인의 만류에도 불구하고 양심의 고동소리를 무시한 채, 비인간적인 일을 계속한다.

하지만 그의 마음에는 만족이 없었다. 그는 성장하는 과정에서 자신이 추구하는 돈과 성공에 참된 가치가 없으며, 그것이 자신을 만족시킬 수 없음을 조금씩 깨닫는다. 하지만 삶을 바꾸는 것은 어려운 일이었다. 그는 계속해서 자신의 일을 통해 만족을 추구했다. 그러던 과정에서, 배에서 자유를 갈망하는 한 노예와 교제를 하게 되면서 갈등에 빠지게 된다. 그는 내면의 양심과 직면한다. 무엇을 위해 이렇게 살아야 하는가? 무엇을 위해 노예들을 괴롭게 해야 하는가? 고민한다.

그러던 중 22세 때 인생을 바꿀만한 결정적인 사건을 겪게 된다. 자신의 배가 좌초될 위기에 처하게 된 것이다. 그 위기 가운데에서 그는 자신이 추구하며 살았던 것들이 의미가 없는 것임을 알게 되었다. 그것이 자신의 내면을 만족시킬 수 없다는 것을 진정으로 깨닫게 되었다. 부와 성공에 목말라 어떤 일이든 감행했지만, 자신은 계속해서 목마름에 시달리는 상황에 있다는 것을 알게 되었다.

그는 인생의 위기 앞에서 처음으로 간절히 주님께 기도했다. 자신이 헛된 것들을 위해, 진정한 만족을 줄 수 없는 것들을 위해 살아가고 있음을 고백하고 회개한다. 자신을 행복하게 할 수 없는 헛된 것들을 주님 대신 섬기고 있었음을 참회한 것이다.

그는 죽음의 위기 앞에서 주님을 만났다. 그리고 주님을 따르기로 결단하게 되었다.

복음의 대체재

인간은 누구나 행복한 인생을 살아가고 싶어 한다. 그래서 인류의 수많은 현자들은 행복의 비결을 찾으려 힘썼다. 철학자들은 인생에 대해 논하면서 자신들만의 행복의 비결을 가르친다. 인생에 대해 깨닫고, 세상을 행복하게 살아가는 비결을 발견하라고 조언한다. 정치인들은 자신들이 제시하는 사회 시스템을 통해 비전을 제시하고, 자신들이 꿈꾸는 세상을 만들면 행복한 삶을 살 수 있다고 선동한다. 그러면서 자신을 지지해 달라고 호소한다. 세상의 종교인들은 신이 우리의 소원을 들어주면 행복한 인생을 살 수 있다고 유혹한다. 그래서 정성을 다해 신을 섬기라고, 그리고 자신의 소원이 이루어질 것을 믿으라고 조언한다. 이렇게 종교와 정치와 철학은 그 나름대로 행복한 인생이 가능하다고 주장한다.

사람들은 누구나 나름대로 행복을 위해 열심히 살아간다. 우리가 예수를 알기 전에, 예수를 진정으로 만나기 전에 행복을 위해 선택하는 것이 바로 복음의 대체재이다. 행복을 위해 어떤 사람은 성공을 택하고, 어떤 사람은 돈을 택하고, 어떤 사람은 사랑을 택하기도 한다. 그것이 행복을 가져다 줄 것이라고 믿기 때문에 자신의 인생을 거기에 바친다. 하지만 그 결과는 어떠한가? 복음의 대체재들은 진정한 행복을 줄 수 없다. 하나님께서 창조한 세상에서는 하나님만이, 그가 보내신 예수만이 진정한 복을 줄 수 있기 때문이다. 따라서 우리가 복음의 대체재를 선택한 결과는 허무함과 두려움이다. 돈도, 성공도, 사랑도 그 어떤 것도 충분히 얻기 어려울 뿐만 아니라, 충분히 얻더라도 우리를 만족시키지 못하기 때문이다. 우리가 복음의 대체재를 선택한 결과는 대체로 '내가 이러려고 그렇게 열심히 성공, 돈, 사랑을 위해 애를 썼나' 하는 자괴감이다.

하나님의 복과 그 전달자 예수 그리스도

요한복음 4장을 보면 예수께서 사마리아 수가성에 사는 여인을 만나신다. 그녀는 우리 식으로 말하면 분명 신앙을 가지고 있으며, 때로 교회에 나가는 사람이라고 할 수 있다.

> 여자가 이르되 주여 내가 보니 선지자로소이다 우리 조상들은 이 산에서
>
> 예배하였는데 당신들의 말은 예배할 곳이 예루살렘에 있다 하더이다
>
> _요 4:19-20

하지만 그녀는 사랑을 통해 행복을 추구했던 여인이었다. 그 여인은 행복을 위해 자신의 평판이 나빠질 정도로 많은 남자들을 만났다. 진정한 사랑과 그로부터 오는 행복을 찾기 위해 많이 힘썼다. 그 결과, 그녀는 오히려 마을 사람들과 단절된 삶을 살았다. 그래서 사람들을 피해, 사람들이 물을 길러 오지 않는 시간에 우물가에 간다.

> 거기 또 야곱의 우물이 있더라 예수께서 길 가시다가 피곤하여 우물 곁에
>
> 그대로 앉으시니 때가 여섯 시쯤 되었더라 사마리아 여자 한 사람이 물을

길으러 왔으매 예수께서 물을 좀 달라 하시니 _요 4:6-7

예수께서는 그런 그녀에게 말을 건네시고, 그녀가 행복을 위해 선택한 복음의 대체재를 본격적으로 깨닫게 하신다.

> 이르시되 가서 네 남편을 불러 오라 여자가 대답하여 이르되 나는 남편
> 이 없나이다 예수께서 이르시되 네가 남편이 없다 하는 말이 옳도다 너에
> 게 남편 다섯이 있었고 지금 있는 자도 네 남편이 아니니 네 말이 참되도
> 다 _요 4:16-18

그녀에게 복음의 대체재는 남자의 사랑이었다. 그녀가 신앙을 갖지 않았던 것은 아니지만, 그녀가 자신의 행복을 위해 의지했던 것은 분명 하나님과 그의 아들 예수 그리스도가 아니었다. 따라서 그녀는 많은 남자를 만났다. 많은 에너지를 소비했다. 그런 만큼 실망도 많이 했을 것이다. 무려 다섯이나 되는 남편을 거치면서 많은 세월을 낭비했을 것이다. 그녀는 남성들에게 많은 것을 기대했을 것이고, 때로 기대가 채워지는 것처럼 느꼈을지도 모른다. 하지만 다섯 명의 남편도 그녀를 채우지 못했다. 아니, 그들은 원래 그녀를 채울 수 없는 존재였을 것이다. 하지만 그녀는 또 새로운 남편을 찾는다. 이렇게 그녀는 끊임없이 복음의 대체재를 찾아 헤매고 있다. 이것이 바로 우리의 현실이다.

예수님은 그녀의 진정한 문제를 진단하신다. 그녀가 어떻게 해야

행복한 삶을 살아갈 수 있는지, 그녀에게 복음의 대체재였던 남편이 채울 수 없는 것을 누가 채울 수 있는지에 대해 진정한 길을 제시한다. 그녀가 찾는 행복은 바로 하나님에게서만 얻을 수 있다. 그 하나님께 진정한 행복을 얻는 길은, 바로 지금 자신에게 물을 달라고 하는 예수님을 믿고 그에게 의지하는 것이다.

> 예수께서 대답하여 이르시되 네가 만일 하나님의 선물과 또 네게 물 좀 달라 하는 이가 누구인 줄 알았더라면 네가 그에게 구하였을 것이요 그가 생수를 네게 주었으리라 _요 4:10

행복한 인생은 하나님의 선물인 영생의 복으로 가능하다. 그 복은 예수를 믿어야만 받을 수 있다. 그 영생의 복은 계속해서 우리를 목마르게 하고 부족하게 하는 복음의 대체재와 달리, 영원히 목마르지 않는 생수가 된다.

> 예수께서 대답하여 이르시되 이 물을 마시는 자마다 다시 목마르려니와 내가 주는 물을 마시는 자는 영원히 목마르지 아니하리니 내가 주는 물은 그 속에서 영생하도록 솟아나는 샘물이 되리라 _요 4:13-14

우리는 하나님이 주시는 영생의 복을 갈망해야 한다. 하나님의 영생의 선물은 우리를 진정으로 만족시키는 것이다. 그 영생의 전달자는 오직 예수님뿐이다.

복음의 대체제가 요구하는 희생과 그 허무함

사마리아 여인의 문제는 그녀가 행복을 위해 노력하지 않았다는 것이 아니다. 그녀는 성경이 제시하는 영생, 곧 하나님나라의 복이 필요했고 그것을 갈망했다.

> 여자가 이르되 주여 그런 물을 내게 주사 목마르지도 않고 또 여기 물 길으러 오지도 않게 하옵소서 _요 4:15

그녀는 행복한 삶을 위해 많은 것을 희생했다. 하지만 그녀는 노력한 만큼 얻지 못했다. 희생한 만큼 누리지 못했다. 사마리아 여인은 하나님께서 주시는 영생의 복이 없어 목말랐고, 행복을 위해 남자가 주는 사랑과 위로가 필요했다. 하나님이 없는 삶에는 이런 것들이 필요하기 마련이다. 그것이 복음의 대체재다. 돈, 성공, 인간의 사랑 같은 복음의 대체재는 많은 희생을 요구하지만 원하는 것을 채워주지 못한다. 인간에게 행복을 줄 수 없다. 따라서 인간은 그것에 배신감과 허무함을 느낀다. 그러면서도 진정한 복음을 찾기 전에는 복음의 대체재를 끊을 수 없다. 인간은 더 큰 허무함에 빠져 든다.

사마리아 여인의 문제는 하나님의 선물, 곧 하나님께서 주실 복과 그 전달자이신 메시야를 알지 못한 것이었다. 그 결과 그녀는 복음의 대체재를 의지하며 살아가고 있었다. 그러다 예수님을 만나 영생의 복을 발견하고 얻었다. 우리도 그녀처럼 하나님만이 영생의 복을 주실 수 있는 분임을 깨닫고, 그 복을 누리기 위해 예수 그리스도를 만나고 하나님을 경외하는 삶을 회복해야 한다. 그렇지 않으면, 우리도 계속해서 복음의 대체재가 요구하는 희생을 감수할 수밖에 없고, 허무함을 느낄 수밖에 없다. 인간은 창조주의 복을 통해 살 수 있는 유한한 존재이기 때문이다. 예수를 통해 하나님과 교제하는 진정한 생명을 누리지 못하면, 계속해서 생명을 대체할 것들이 필요하다.

예수께서 대답하여 이르시되 이 물을 마시는 자마다 다시 목마르려니와
_요 4:13

인간은 스스로 행복한 삶을 살아갈 수 없으므로, 하나님과의 교제를 통해 영원한 생수을 받아 마시지 않으면 계속해서 영적으로 마실 것을 찾게 된다.복음의 대체재는 우리를 끊임없이 목마르게 한다.

하나님이 주시는 사랑과 그 안에서 누리는 친밀함, 하나님 안에서 발견하는 진정한 삶의 목표, 미래와 내세에 주실 영원한 복이 바로 영원한 생명의 실체이다. 이 생명이 없는 인간은 이런 것들을 위해 사람의 위로와 사랑, 돈과 성공이라는 목표, 사람들의 인정과 인기와 권력, 미래의 안정을 위한 보장들을 추구할 수밖에 없다. 이런 인간이 복음의 대체재마저 없다면 어떻게 살아갈 수 있는가? 매일 찾아드는 외로움을 어떻게 이기는가? 미래에 대한 두려움을 어떻게 해결할 수 있는가? 수시로 찾아오는 인생의 허무함과 자존감의 문제를 어떻게 해결하는가? 하지만 결국 복음의 대체재들이 요구하는 희생에 지치고 목마른다.

메시야 예수를 통해 영생을 누리자

예수님은 말씀하신다. 예수께서 주시는 물, 즉 하나님과의 관계를 회복하여 영원한 복을 누리라고. 메시야 예수를 통해 진정으로 하나님을 예배하라. 하나님께만 복이 있음을 인정하고 그분을 경배하며, 그분의 말씀을 경외하면서 순종하는 삶을 살아가라고 말씀하신다.

> 하나님은 영이시니 예배하는 자가 영과 진리로 예배할지니라 여자가 이르되 메시야 곧 그리스도라 하는 이가 오실 줄을 내가 아노니 그가 오시면 모든 것을 우리에게 알려 주시리이다 예수께서 이르시되 네게 말하는 내가 그라 하시니라 _요 4:24-26

예수님은 우리에게 하나님께로 가는 길을 제시한다.

> 예수께서 이르시되 내가 곧 길이요 진리요 생명이니 나로 말미암지 않고는 아버지께로 올 자가 없느니라 너희가 나를 알았더라면 내 아버지도 알았으리로다 이제부터는 너희가 그를 알았고 또 보았느니라 _요 14:6-7

우리는 메시야 예수를 통해 진정한 행복의 길을 발견한다. 하나님의 통치를 거부하고, 스스로 자초한 불행한 삶에서 벗어날 길을 발견한다. 복음의 대체재를 통해 실망하고 좌절하는 인생에서 벗어날 길을 발견한다. 그 길이 바로 예수의 복음이다. 이 복음을 알고 복음 안에서 살아가기 전에는, 우리는 교회에 다닐지라도 복음의 대체재를 추구하며 살아간다.

사람마다 자신의 영혼을 채우는 무엇인가가 필요하다. 하지만 그것을 스스로 채우지 못하니 무엇인가를 추구하고 의지하며 살아가야 하는 것이다. 사람마다 저마다 다른 복음의 대체재가 있다. 그것이 강력한 우상의 역할을 한다. 그 우상이 영혼의 목마름에서 나오는 외로움과 허무함과 두려움을 잠시 잊게 해줄 수는 있다. 하지만 결코 진정한 해결책이 되지 못한다. 계속해서 새로운 목마름이 밀려온다. 그러므로 다시는 목마르지 않을 생수가 되시는 예수를 통해 영생을 누리자.

예수는 어떻게 영원한 생수가 되시는가? 예수는 우리에게 하나님나라를 가르치시고, 죄를 사하시고 죽으셨으며, 부활하셔서 우리의 소망이 되셨다. 우리는 십자가에서 죽으시고 부활하신 표적을 통해 예수를 믿는다. 우리가 그 예수를 믿고 그가 우리의 주가 되시면, 우리는 우리 존재의 근원 되시는 하나님을 만난다. 우리를 불행의 늪에 빠트렸던 반역의 삶에서 벗어날 수 있다. 하나님의 통치를 벗어나 살아가던 저주의 삶이, 예수를 믿고 하나님을 경외하며 살아가면서 복된 삶으로 변화된다.

우리가 예수를 믿으면 그 안에서 우리가 하나님의 자녀임을 확신하고, 하나님과 풍성한 교제 가운데 살아간다. 우리가 예수를 믿으면 하나님께서 주신 삶의 목적을 따라 비전을 소유하고 살아갈 수 있다. 우리가 예수를 믿으면 우리의 미래와 내세에 하나님나라의 복된 삶을 영원히 살아갈 수 있다. 예수는 죽으시고 부활하셔서 우리의 주가 되시고, 우리가 다시 하나님을 만날 수 있게 하심으로 우리의 모든 소망을 이뤄주시는 메시야가 되셨다.

우리의 행복을 위한 진정한 갈망이 하나님의 방식대로 이뤄지는 나라, 메시야가 이루실 나라가 바로 하나님나라다. 하나님나라는 하나님의 복을 누리는 삶 자체다. 모든 것이 회복된 삶이다. 하나님나라 또는 영생은 우리에게 주시는 하나님과의 관계 회복을 통해 사랑의 관계로 우리를 부르시고, 우리의 정체성을 세워 주시고, 우리 삶의 진정한 목표를 전달하시고, 우리의 모든 결핍과 그로 인한 두려움을 채우시는 하나님의 선물이다.

예수를 믿고 그를 주로 모시고 살아가면 하나님나라가 우리에게 임한다. 비록 주님이 재림하시기 전까지 이 세상에서 온전한 하나님나라를 맛볼 수 없지만, 우리는 우리가 지금 맛보는 하나님나라를 근거로 내세의 온전한 하나님나라를 소망할 수 있다.

우리의 미래는 예측불가능한 일로 가득할 것이다. 우리의 능력은 불확실한 미래를 대비하기에는 한참 부족하다. 복음의 대체재들은 우리를 실망시킬 것이다. 하지만 우리가 예수를 주로 영접하고 살아간다면 우리의 미래는 하나님나라의 삶으로 찬란하게 빛날 것이다.

영화 <프리덤>의 주인공, 존 뉴튼

서두에 이야기했던 노예무역선의 젊은이는 인생의 위기 속에서 예수를 만났다. 그는 돈과 성공을 복음의 대체재로 삼고 살았지만, 이제 예수를 통해 하나님의 복을 갈망하게 되었다. 그는 예수를 영접한 이후로도 6년간 더 노예무역에 종사했지만, 돈과 성공을 복음의 대체재로 삼지 않을 수 있었다. 따라서 그는 만나는 흑인들을 학대하거나 불행한 처지에 두지 않았다. 그는 적극적으로 그들의 생명을 위해 노력했으며, 그들이 질병에 걸리지 않도록 도왔다. 그들을 하나님이 창조한 사람들로 대하려고 노력했다. 나아가 그는 자신이 그 일에 아예 종사하지 않기로 결단한다. 결국 1755년 노예선장 직을 그만두고 과거를 참회하며 신학교에 입학한다. 그는 성공회 신부가 되어 열심히 하나님의 말씀을 전하는 일에 자신의 모든 일생을 바쳤다. 그가 바로 유명한 찬송가 '나 같은 죄인 살리신' 가사를 쓴 존 뉴튼이다. 그는 자신에게 진정한 생명을 주신 분을 찬양했다. 그가 만든 노래는 자신의 사연을 담아 구절마다 절절하다.

> 나 같은 죄인 살리신 주 은혜 놀라워 잃었던 생명 찾았고 광명을 얻었네
> 큰 죄악에서 건지신 주 은혜 고마워 나 처음 믿음 그 시간 귀하고 귀하다
> 이제껏 내가 산 것도 주님의 은혜라 또 나를 장차 본향에 인도해 주시리
> 거기서 우리 영원히 주님의 은혜로 해처럼 밝게 살면서 주 찬양하리라

우리 모두 메시야 예수를 만나고, 그분 안에서 하나님의 영원한 생명의 삶을 누리자.

다섯 번째 킹덤설교

근원이신 하나님께로 인도하는 길

현명한 판단, 불행한 결말

극작가 셰익스피어는 인간의 문제에 대해 너무나 공감이 되는 작품들을 많이 남겼다. 지금도 영국에는 그의 작품만을 공연하는 전문 극장이 많다고 한다. 그의 주옥같은 명언들이 작품 곳곳에 들어 있고, 지금도 회자되고 있다. 그의 작품들이 다루고 있는 비극적인 사랑, 배신, 복수 등의 주제는 모두가 공감할 수 있는 것으로, 인간의 본질적 문제에 대해 생각하게 한다. 그의 작품들은 하나님의 통치를 거부하고 스스로의 힘으로 살아가려는 인류, 그 인류가 만들어내는 세상의 실존적 문제들, 그리고 인류의 죄가 만들어내는 현실에 대해 너무나 잘 말해주는 인간론 교과서 같다.

그의 4대 비극 중 〈리어왕〉이라는 작품이 있다. 브리튼의 왕 리어에게는 세 명의 딸이 있었다. 고너릴, 리건, 코델리아. 리어 왕은 나

이가 많아져 늙게 되자 자신의 나라를 딸들에게 나눠 주고 여생을 행복하게 살아가려 한다. 그는 딸들에게 나라를 나눠주기 전에 딸들의 마음을 확인하려고, 그들을 불러 자신을 얼마나 사랑하는지 묻는다. 가장 효심이 깊은 딸에게 나라를 맡길 것을 약속하고, 자신에게 효심을 표현하도록 한 것이다.

첫째와 둘째는 아버지에 대한 효심이 별로 없었다. 그들은 권력과 재산을 누리기 위해 아버지에게 아부한다. 물론 속마음은 전혀 드러내지 않은 채 감언이설만 늘어놓는다. 아버지 리어 왕은 두 딸들의 달콤한 말에 고무된다. 하지만 막내 코델리아는 아버지에게 효도하는 것은 자식으로서 도리를 다하는 것일 뿐이라고 담담하게 답한다. 리어 왕은 칭찬과 찬사에 익숙해져 있었다. 그는 막내딸의 대답에 분노를 참지 못한다.

리어 왕은 딸들의 말을 듣고 중대한 결정을 경솔하게 내린다. 자신들의 미래를 위해 아부하는 두 딸에게 영토를 나눠준 것이다. 나름대로는 가장 현명한 결정을 했다고 생각한다. 막내 코델리아에게는 땅도 재산도 주지 않고 내쫓았다. 그녀는 지참금도 없이 프랑스 왕과 결혼하게 된다. 그런데 그 후 리어 왕이 생각하지 못한 일이 벌어지기 시작한다. 자기에게 효도할 것이라 판단했던 것과 달리, 온갖 감언이설로 아버지를 기쁘게 했던 두 딸이 아버지를 배신한 것이다. 두 딸은 아버지의 방문을 거절하고, 오히려 폭풍이 몰아치는 황야로 아버지를 내쫓는다. 그는 황야를 헤매는 불쌍한 신세가 된다.

프랑스 왕비가 된 코델리아가 아버지의 소식을 듣게 된다. 아버지를 구하기 위해 언니들의 나라 브리튼으로 진격하지만, 패배하고 사형에 처해진다. 아버지를 속인 언니들은 돈과 권력을 얻었지만, 한 남자를 두고 치정 싸움을 벌인다. 결국 둘째가 남자를 차지하게 되지만, 첫째가 둘째를 독살하고 자신도 자살하고 만다. 결국 자신의 이익과 행복을 위해 수단과 방법을 가리지 않던 리어 왕과 두 딸들은 모두 비극적인 죽음을 맞이한다. 자신을 진정으로 사랑하는 셋째 딸이 죽었다는 소식을 들은 리어 왕도 결국 숨을 거두고 만 것이다.

자신이 믿은 딸들에게 버림 받은 리어 왕이 폭풍우 치는 황야를 헤매며 내뱉은 물음은 이것이다.

"아아 나는 깨어 있는가? 아닌가? 내가 누구인지 나에게 말해 줄 수 있는 자는 도대체 누구인가?"

이 질문은 자신의 지혜와 경험을 믿었지만 결국 자신과 딸들 모두 불행하게 인생을 마감하게 한, 한 인간의 회한이 담긴 외침이다.

셰익스피어는 이 작품에서 많은 부와 권력과 경험을 가진 왕도, 모략이 뛰어난 두 딸들도 결국 파국에 이르는 판단과 행동을 할 수밖에 없으며, 그러한 어리석은 판단과 행동의 근원이 인간의 탐욕이라는 것을 보여준다. 또한 그러한 인간의 어리석음은 다른 이들까지 모두 불행하게 한다고 말한 것이다.

근원의 부재

왜 우리 모두는 행복하려 하는데, 리어 왕처럼 어떻게 하면 행복해질 수 있을까 고민하고 행복하려고 무슨 일이든 하는데, 결국 비극적인 인생을 살아가게 되는가? 그것은 바로 근원의 부재 때문이다. 근원의 부재라는 말은 우리 인류가 행복하게 살아갈 수 있는 근원에 대한 지식 없이 살아가는 인류의 현실을 설명하는 것이다.

우리는 이 세상이 왜 어떻게 만들어졌는지 모른다. 리어 왕의 고백처럼 자신이 누구인지 모른다. 당연히 무엇을 위해 살아야 하는지도 모른다. 어떻게 우리가 행복한 존재가 될 수 있는지도 모른다. 미래가 어떻게 될지, 죽음 이후 어떤 운명을 맞이하게 될지도 모른다. 이 모든 무지의 상태를 '근원의 부재'라고 말할 수 있다. 그런데 우리는 종종, 오히려 근원의 부재를 기뻐(?)하면서 누가복음에 나오는 아들처럼 아버지의 집을 떠나고 싶어한다.

근원의 부재 속에서 인간은 자신의 욕망을 따라 행복을 추구한다. 돈과 권력을 위해 거짓말하고, 자신의 미래를 위해 이기적인 선택을 한다. 하지만 그러한 인간의 결정은 스스로를 행복하게 하지 못하고, 이웃을 불행하게 만든다.

영화 〈암살〉에서 친일파이자 쌍둥이의 아빠인 강인국은 나라를 팔아먹는 친일 행적을 불사하면서까지 사업권을 따내고는 이렇게 기뻐한다.

"내 코에서 돈 냄새가 난다는 겁니다. 우리 두 쌍둥이 앞길이 트인 거지요."

그는 자식을 끔찍이 사랑하며, 자신과 자식들의 행복을 위해서라면 수단과 방법을 가리지 않고 돈을 벌어야 한다고 생각하는 지극히 평범한(?) 아버지다. 그는 자신의 미래를 위해 가장 현명한 선택을 하고 있다고 확신한다. 그렇게 인간은 스스로의 행복을 위해 이기적인 선택을 마다하지 않는다. 그러나 강인국은 결국 자신의 아내를 죽게 한 다음, 훗날 쌍둥이 딸 중 한 명을 자신이 죽이고, 나머지 한 명에 의해 자신도 죽는다.

이렇게 극단적인 선택이 아니더라도, 우리가 인정해야 할 사실이 있다. 우리는 스스로 누구인지 알 수 없고, 무엇이 옳은지 판단할 능력도 없다. 내가 무엇을 하며 어떻게 살아야 하는지 답을 찾을 수 없다. 미래가 어떻게 될지도 모른다. 어떻게 행복해질 수 있는지도 모른다. 자신의 판단이 어떤 불행한 결말을 가져올지도 모르고 이기적으로 살아간다.

우리는 근원의 부재 속에 살아가고 있다는 사실을 인정해야 한다. 바울은 로마서에서 인류가 스스로 지혜 있다 하나 어리석게 되었다고 말한다. 하나님의 부재 속에서 스스로 하나님이 되어 모든 것을 할 수 있다고 생각하지만, 결국 아무 복도 줄 수 없는 우상의 노예가 되어 온갖 어리석은 일들을 반복하는 인류의 현실을 고발한다.

스스로 지혜 있다 하나 어리석게 되어 썩어지지 아니하는 하나님의 영광을 썩어질 사람과 새와 짐승과 기어다니는 동물 모양의 우상으로 바꾸었느니라 _롬 1:22-23

근원이신 하나님

우리는 우리 인생에 가장 결정적으로 필요한 질문이지만, 우리 스스로는 알 수 없는 질문을 던지고 그 답을 찾아야 한다. 어떤 질문들인가? 이 세상은 누가 왜 어떻게 만든 것인가? 우리는 누구인가? 우리는 무엇을 하며 살아야 하는가? 어떻게 살아야 행복할 수 있는가? 우리의 미래는 어떻게 되는가? 특히 우리의 죽음 이후는 어떻게 되는가? 이것들은 우리의 인생에 너무나 중요한 질문들이다. 성경은 이러한 질문들에 대하여 분명히 답한다. 하나님께서 당신의 목적을 이루기 위해 세상을 창조하셨다고.

> 태초에 하나님이 천지를 창조하시니라 _창 1:1

인류는 창조주의 통치를 대행하는 신적 형상으로 창조되었다.

> 하나님이 이르시되 우리의 형상을 따라 우리의 모양대로 우리가 사람을 만들고 그들로 바다의 물고기와 하늘의 새와 가축과 온 땅과 땅에 기는 모든 것을 다스리게 하자 하시고 _창 1:26

우리는 그 하나님의 창조 목적대로 살아가야 하며, 그렇게 살아야 행복할 수 있다.

> 이스라엘아 네 하나님 여호와께서 네게 요구하시는 것이 무엇이냐 곧 네

하나님 여호와를 경외하여 그의 모든 도를 행하고 그를 사랑하며 마음을
다하고 뜻을 다하여 네 하나님 여호와를 섬기고 내가 오늘 네 행복을 위하
여 네게 명하는 여호와의 명령과 규례를 지킬 것이 아니냐 _신 10:12-13

우리는 예수 그리스도를 믿고 하나님을 경외하고 살아갈 때 가
장 좋은 것으로 공급하시는 하나님의 복을 누릴 수 있으며, 내세에도
영원한 복을 얻을 수 있다.

예수께서 이르시되 내가 진실로 너희에게 이르노니 나와 복음을 위하여 집
이나 형제나 자매나 어머니나 아버지나 자식이나 전토를 버린 자는 현세에
있어 집과 형제와 자매와 어머니와 자식과 전토를 백 배나 받되 박해를 겸
하여 받고 내세에 영생을 받지 못할 자가 없느니라 _막 10:29-30

우리가 어떤 정체성을 가지고, 어떤 방식으로 이 세상을 살아야
할 것인지, 하나님의 말씀인 성경이 우리에게 모든 근원적 지식을 전
해 주고 있다. 이런 근원적 지식에 도달하기 위해 우리는 모든 것의
근원이신 하나님을 알아야 한다.
　하나님께서는 자신의 영광을 위해 이 세상을 창조하시고, 자신
의 통치를 따라 살아가는 자들에게 하늘의 복을 주셨다. 이 세상에
자신의 통치를 대행하는 인간을 만드셨다. 우리 모두에게는 하나님
의 계획이 있다. 우리는 하나님의 계획을 발견하고 그 계획을 따라 살
아야 한다. 우리는 하나님의 통치를 따라 살아가며 하나님께서 주신

복을 받아야 외로움과 공허함과 두려움에서 벗어나 살아갈 수 있다.

우리는 하나님의 계획과 목적을 이루며 하나님의 복으로 이생을 살아가다가, 하나님께서 예비해 두신 내세의 영생을 누린다. 이것이 우리 존재의 근원이신 하나님을 알아야만 깨달을 수 있는 진리이다. 우리는 근원이신 하나님을 만나고, 그 하나님과 교제하며 하나님의 뜻을 배워야 한다. 우리는 그렇게 근원이신 하나님의 통치를 따라 살아가야 한다. 하나님의 통치를 따라 살아가면 우리의 인생은 에덴동산에 주어졌던 하나님의 복으로 풍성할 수 있다.

근원이신 하나님께로 인도하는 길 : 예수

우리는 스스로 하나님을 알 수 없다. 따라서 자신이 누구인지 모르고, 무엇을 하며 어떻게 살아야 할지도 모른다. 어떻게 해야 행복할 수 있는지도 알지 못한다. 세상에 수많은 종교들이 있고 우상들이 만들어지는 것은, 우리에게 근원이 필요하지만, 우리가 근원이신 하나님을 스스로 알 수 없다는 증거다. 따라서 하나님이 자신을 계시하시려고 아들을 이 땅에 보내신 것이다.

예수께서 세상에 오셔서 하나님나라에 대해 가르치시고, 많은 이적들을 통해 자신이 하나님의 아들이며, 자신을 통해 세상이 새롭게 회복될 수 있음을 증거하셨다. 그리고 스스로 십자가에 죽으셔서 우리의 죄를 사하시고 우리를 하나님의 백성으로 삼으시며, 부활하셔서 우리의 미래에 참 소망이 되셨다. 이 예수님의 사역은 궁극적으로 우리를 근원이신 하나님께로 인도하시는 길이 된다. 예수님은 우리를 진리와 생명으로 인도하시는 길이다.

> 예수께서 이르시되 내가 곧 길이요 진리요 생명이니 나로 말미암지 않고는
> 아버지께로 올 자가 없느니라 _요 14:6

예수님은 이 세상에 오셔서 십자가에서 죽으시기 전에, 근원이신 하나님을 통해 알 수 있는 진리를 알지 못하고 두려워하는 제자들에게 근심하지 말라고 말씀하셨다.

> 너희는 마음에 근심하지 말라 하나님을 믿으니 또 나를 믿으라 _요 14:1

이 말씀은 제자들에게 하신 말씀이지만, 동시에 두려움 속에서 살아가는 인류를 향한 말씀이다. 근원이신 하나님을 알지 못하는 우리 인생은 아무리 돈이 많고 권력이 많아도 두려움으로 가득할 수밖에 없다. 그 두려움이 인류로 하여금 우상을 숭배하게 하며, 탐욕 속에서 살아가게 하는 것이다. 예수께서는 우리가 예수님을 통하여 하나님을 보게 하신다.

> 너희가 나를 알았더라면 내 아버지도 알았으리로다 이제부터는 너희가 그
> 를 알았고 또 보았느니라 빌립이 이르되 주여 아버지를 우리에게 보여 주
> 옵소서 그리하면 족하겠나이다 예수께서 이르시되 빌립아 내가 이렇게 오

래 너희와 함께 있으되 네가 나를 알지 못하느냐 나를 본 자는 아버지를 보 았거늘 어찌하여 아버지를 보이라 하느냐 _요 14:7-9

예수께서는 우리에게 하나님을 온전히 계시하시는 진정한 하나 님의 형상이시다.

그는 보이지 아니하는 하나님의 형상이시요 모든 피조물보다 먼저 나신 이 시니 만물이 그에게서 창조되되 하늘과 땅에서 보이는 것들과 보이지 않 는 것들과 혹은 왕권들이나 주권들이나 통치자들이나 권세들이나 만물이 다 그로 말미암고 그를 위하여 창조되었고 또한 그가 만물보다 먼저 계시 고 만물이 그 안에 함께 섰느니라 _골 1:15-17

예수는 우리에게 하나님을 온전히 계시하시고, 우리가 근원이신 하나님을 만나고 인생에 관한 모든 진리를 알게 하시는 길이시다. 그 를 믿고 그를 배우면 하나님을 알게 되고, 하나님 안에서 근원의 부 재 문제를 해결할 수 있다.

근원적 문제의 해결책
우리가 직접 하나님을 볼 수 없는가? 그렇지 않다. 우리는 예수님을 통해 하나님을 본 것이다. 우리는 예수님의 말과 예수님의 표적들을 통해 하나님과 그의 아들 예수님을 믿을 수 있다.

내가 아버지 안에 거하고 아버지는 내 안에 계신 것을 네가 믿지 아니하느냐 내가 너희에게 이르는 말은 스스로 하는 것이 아니라 아버지께서 내 안에 계셔서 그의 일을 하시는 것이라 내가 아버지 안에 거하고 아버지께서 내 안에 계심을 믿으라 그렇지 못하겠거든 행하는 그 일로 말미암아 나를 믿으라 _요 14:10-11

우리가 예수를 믿고 하나님의 말씀을 배우면, 하나님의 뜻을 깨닫고 주님과 더불어 교제하며 살아갈 수 있다. 예수님은 우리를 하나님의 통치 안에서 하나님과 교제하며 참된 인생을 살아가게 하시기 위해 하늘에서 내려오셨다. 하나님의 영광을 놀라운 능력으로 드러내셨고, 하늘의 지혜를 말씀으로 드러내셨다.

예수님을 믿으면 삶의 근원적인 문제가 해결된다. 이 예수님을 당신의 진정한 주님으로 인정하라. 예수님이 당신의 인생을 참되게 변화시킬 것이며, 이 세상을 아름답게 회복하기 위하여 하나님께서 보내신 메시야이심을 믿으라. 당신의 지혜와 능력이 자신을 행복하게 할 수 없음을 철저히 인정하고 하나님의 나라가 당신의 삶에 임하기를 소망하라.

우리는 어린 아이처럼 스스로의 한계를 절감하고, 피조물로서 유한함을 인정하고 하나님께 나아갈 때만 예수를 통해 하나님을 만날 수 있다.

그 때에 예수께서 대답하여 이르시되 천지의 주재이신 아버지여 이것을 지혜롭고 슬기 있는 자들에게는 숨기시고 어린 아이들에게는 나타내심을 감사하나이다 옳소이다 이렇게 된 것이 아버지의 뜻이니이다 내 아버지께서 모든 것을 내게 주셨으니 아버지 외에는 아들을 아는 자가 없고 아들과 또 아들의 소원대로 계시를 받는 자 외에는 아버지를 아는 자가 없느니라 _마 11:25-27

우리가 스스로의 한계와 부족을 인정하고 하나님께 나아가는 것이 회개다. 회개를 통해 우리는 하나님의 나라가 내 삶에 오는 것을 경험하게 되며, 인간 실존의 근원적인 문제들에서 놓임을 받게 될 것이다. 예수 그리스도를 통해 우리에게 놀라운 구원을 이뤄주신 하나님의 지혜를 찬양하지 않을 수 없다. 할렐루야!

PART 2

꿈쩍 않던 내 삶과
생각이 변하는 힘

여섯 번째 킹덤설교

이성을 초월한 충성을 주님께

충성을 요구하는 수퍼 브랜드

미국 시애틀에는 파이크 플레이스 마켓(Pike Place Market)이라는 오래된 시장이 있다. 그 시장의 맞은편에 한국에서도 가장 유명한 커피 브랜드인 스타벅스 제1호점이 있다. 1971년에 문을 연 이곳에는 사람들이 하루 종일 줄을 선다. 수많은 사람들이 스타벅스 1호점에서 커피 한 잔 마셔보고, 기념사진 찍고, 비싼 가격의 텀블러나 기념품들을 사기 위해 시간과 돈을 아끼지 않는다.

미국 시애틀에 본사를 둔 스타벅스의 커피는 사실 커피 자체만 놓고 본다면 그렇게 질이 좋은 커피는 아니라고 한다. 실제로 마셔봐도 그렇다. 더 고급스러운 맛과 향을 내는 커피 브랜드가 얼마든지 있다. 하지만 스타벅스에는 뭔가 다른 것이 있다. 사람들은 스타벅스라는 브랜드에 대단한 가치를 느낀다. 시애틀에는 길거리와 코너마다 스타벅스가 있고 직접 커피를 로스팅하는 리저브 매장도 있는데, 어디든 사람들이 넘쳐난다. 앉을 자리가 없다. 사람들은 스타벅스를 소비하는 데 열정적이다.

스타벅스가 제공하는 가치가 도대체 무엇일까? 스타벅스는 커피의 질보다 사람들이 편안한 휴식과 사색을 누릴 수 있는 공간을 제공한다. 뭔지 모르게 사람들을 만날 만한 느낌이 드는 장소 같기도 하다. 또한 스타벅스를 소비할 때 자신이 뭔가 더 매력적으로 느껴지는 느낌을 받게 한다. 결국 사람들은 스타벅스에 대해 가치를 느끼게 된다. 가급적이면 그곳에서 커피를 마시기 위해 줄을 선다. 다른 브랜드보다 비싼 커피값을 좀 더 지불하기도 마다하지 않는다.

거기에 머무르지 않는다. 사람들은 스타벅스 텀블러를 갖고 싶어 한다. 그 정도도 아니다. 온 세계의 스타벅스 매장마다 다른 모양으로 판매하는 스타벅스 텀블러를 수집하기도 한다. 이것은 거의 광기에 가깝다. 또한 연말이 되면 스타벅스 플래너를 얻기 위해 일종의 쿠폰인 '별'을 모으는 일에 열중한다.

스타벅스는 수많은 사람들에게 이성을 초월한 충성을 요구한다. 많은 사람들이 기쁨으로 그 요구에 응한다. 스타벅스는 고객에게 숭배를 요구하는 수퍼 브랜드로 자리매김한 것이다. 이것은 주객이 전도된 것이다. 스타벅스에 충성하는 고객은 인간의 본성을 잘 보여준다. 인간은 자신이 가치 있다고 느끼는 것에 시간과 돈과 그 어떤 희생도 지불하기를 마다하지 않는 것이다. 자신에게 유익을 주고 행복을 주는 대상이라면, 거기에 큰 가치를 느끼고 숭배한다.

충성을 요구하는 육체의 가치들

빌립보 교회 안에는 스스로 자신의 육체적 가치들을 자랑하며 할례파라고 주장하는 사람들이 있었다. 그들은 하나님을 믿는다고 하면서도, 십자가에서 죽으시고 부활하신 예수를 통해 이 땅에 임할 하나님나라를 오히려 파괴하고 있었다.

> 내가 여러 번 너희에게 말하였거니와 이제도 눈물을 흘리며 말하노니 여러
> 사람들이 그리스도의 십자가의 원수로 행하느니라 _빌 3:18

그 이유가 무엇인가? 그들은 예수님만이 자신들에게 진정한 유익을 주는 가치 있는 분이라는 사실을 믿지 못했다. 오히려 그들은 육체의 가치가 자신에게 유익을 준다고 믿고 있었다. 그들은 자랑할 만한 육체의 가치를 얻으려고 힘썼고, 그것을 자랑하며 다른 사람들의 인정을 구했다. 그렇게 그들은 자신을 불행하게 하고 이웃을 불행하게 만들었다. 하나님나라의 원수가 된 것이다. 그들은 개들 같았고 행악하는 자가 되었다.

> 개들을 삼가고 행악하는 자들을 삼가고 몸을 상해하는 일을 삼가라 _빌 3:2

사실 과거에는 사도 바울도 그랬다. 인간은 메시야로 세상에 오셔서 우리를 하나님나라의 풍성한 복으로 인도하시는 예수를 진정으로 만나고, 그 예수를 통해 주어지는 새로운 삶을 맛보기 전까지는

다 육체의 가치들을 소중히 여긴다. 그것을 자랑하며 스스로를 위안하며, 자신의 존재의 근거로 삼는다. 따라서 육체의 가치들을 얻기 위해 이성을 초월한 충성을 다한다.

사도 바울은 어떤 육체의 가치들을 소중히 여겼는가? 그것들을 얻기 위해 어떤 수고를 했는가?

1) 그는 유대인으로서의 자신의 혈통을 소중히 여겼다.

나는 팔일 만에 할례를 받고 이스라엘 족속이요 베냐민 지파요 히브리인
중의 히브리인이요 _빌 3:5

율법대로 팔일 만에 할례를 받았고, 베냐민 지파이면서 히브리인 중의 히브리인이라는 사실을 자랑스럽게 여겼다. 그는 대를 이어온 오랜 세월 동안 다른 피가 섞이지 않은 순수한 혈통을 자랑으로 여겼다. 요즘으로 말하면 잘 나가는 집안 출신의 금수저라고 할 수 있겠다. 이 혈통은 이스라엘에게 혼란스러웠던 유배의 역사를 보자면 자랑할 만한 것이다.

2) 그는 자신이 바리새인임을 자랑했다.

율법으로는 바리새인이요 _빌 3:5b

이것은 자신의 학벌과 지위를 자랑하는 것이었다. 일반적으로 바리새인이 되기 위해서는 대단히 어려운 배움의 과정을 거친다. 따라서 대부분의 유대인은 바리새인을 존경했다. 특히 바울은 당대에 대단히 유명했던 가말리엘의 문하에서 율법을 배워 바리새인이 되었다.

> 나는 유대인으로 길리기아 다소에서 났고 이 성에서 자라 가말리엘의 문
> 하에서 우리 조상들의 율법의 엄한 교훈을 받았고 오늘 너희 모든 사람처
> 럼 하나님께 대하여 열심하는 자라 _행 22:3

요즘으로 말하면 명문 학벌에 사법고시를 통과했다고 말할 수 있겠다. 바울은 자신이 바리새인임을 대단히 자랑스럽게 여겼을 것이다.

3) 그는 자신의 열정을 자랑했다.

> 열심으로는 교회를 박해하고 _빌 3:6a

당시 바리새인으로서 교회를 박해하는 것은 당연한 일이었다. 우리는 바리새인이 스데반을 박해했던 것을 알고 있다. 하지만 모든 사람들이 열심히 교회를 박해했던 것은 아니다. 바울은 자신의 일에 열정을 다하는 사람이었다. 자신의 신념에 충실했다. 자신의 일에 성

과를 내는 사람이었다. 그는 그리스도인을 박해하는 일에 많은 성과를 냈던 사람이었다.

> 사울이 교회를 잔멸할 새 각 집에 들어가 남녀를 끌어다가 옥에 넘기니라 _행 8:3

그는 자신의 사업에 성과를 내는 사업가 같은 사람이었다. 많은 유대인이 이렇게 열정을 다해 자신의 신념과 종교적 가치에 충성하는 바울을 존경했을 것이다.

4) 그는 자신의 율법의 의를 자랑했다.

> 율법의 의로는 흠이 없는 자라 _빌 3:6b

율법의 의로는 흠이 없었다는 것이 무슨 의미인가? 자신이 과거에 완벽한 삶을 살았다는 것인가? 하나님의 말씀대로 살았다는 것인가? 그런 의미가 아니다. 이것은 유대인이 정해놓은 중요한 규칙들을 지켰다는 것이다. 안식일에 일하지 않는 것, 음식을 먹기 전에 씻는 것, 일주일에 두 번씩 금식하는 것, 절기를 지키는 것 등 외적으로 드러나는 규칙들을 지켰다는 것이다. 유명한 바리새인 부자청년도 자신이 모든 계명을 지켰다고 말했다.

> 이르되 어느 계명이오니이까 예수께서 이르시되 살인하지 말라, 간음하지
> 말라, 도둑질하지 말라, 거짓 증언 하지 말라, 네 부모를 공경하라, 네 이웃
> 을 네 자신과 같이 사랑하라 하신 것이니라 그 청년이 이르되 이 모든 것을
> 내가 지키었사온대 아직도 무엇이 부족하니이까 _마 19:18-20

사도 바울은 술 안 먹고 담배 피우지 않고, 새벽기도회 빠지지 않고, 주일 성수 잘하고, 십일조 빼먹지 않는 종교인이었다. 사도 바울이 로마 시민권까지 가지고 있었으니, 부모님이 부유한 사람이었을 것이다. 얼마나 자랑할 만하며, 얼마나 자신을 드러내기 좋은 조건인가?

바울은 이런 것들을 소유하기 위해 이성을 초월한 충성을 다했을 것이다. 많은 노력을 했을 것이다. 때로는 많은 희생을 했을 것이다. 그 결과 이러한 육체의 가치들이 그에게 큰 권세를 주었다. 그는 젊을 때부터 지도자의 권세를 가지고 있었다. 그의 이름은 널리 알려져 있었다. 그는 스데반을 죽일 때에도 찬성 의견을 내는 지위에 있었고, 다메섹에 사는 그리스도인들을 박해하는 특사로 파견될 정도로 신임을 받았다. 그것이 부와 명예를 가져다주었을 것이다. 사람들에게 존경을 받았다는 것은 너무나 자명한 사실이다. 바울은 이러한 육체적 가치들을 더 소유하기 위해 자신의 모든 것을 희생하며 열심히 살았다. 그러나 바울은 이런 것들이 배설물로 여겨지는 놀라운 체험을 한다.

모든 것을 해로 여기고 배설물로 여기다

사실 자신의 혈통과 배경, 학문적 성취, 일에 대한 열정, 종교적 실천과 이에 따르는 권세와 지위와 부와 명예가 얼마나 중요한 것들인가? 하지만 바울은 이 모든 것을 해로 여기고 배설물로 여겼다고 말한다.

> 그러나 무엇이든지 내게 유익하던 것을 내가 그리스도를 위하여 다 해로
> 여길뿐더러 또한 모든 것을 해로 여김은 내 주 그리스도 예수를 아는 지식
> 이 가장 고상하기 때문이라 _빌 3:7-8a

배설물로 여긴다는 것은 개에게나 주면 맞을 정도로 무가치한 것들이라는 의미이다. 바울이 왜 이렇게 강력하게 이야기한 것일까? 그 이유는 그들이 자랑하는 육체적 가치들이 이성을 초월한 충성을 바쳐 얻을 만큼 중요한 것이 아니라는 사실을 깨달았기 때문이다. 자랑할 만한 것이 아니라는 사실도 깨달았다. 그것들을 얻으려고 충성하고, 그것들을 자랑하는 사이에 하나님나라와 오히려 멀어지기 때문이었다.

바울은 자신이 유대인인 것이 나쁘다는 것을 말한 것이 아니다. 율법을 열심히 연구했던 것이 불필요했다고 이야기한 것이 아니다. 자신이 하는 일에 열정을 다하고, 종교적 신념을 위해 규칙을 지키는 것 역시 중요하다.

바울은 좋은 혈통을 가지고 있었고, 학문적 성취와 일의 성공을 위해, 그리고 자신이 만들어 놓은 규칙을 지키기 위해 최선을 다했

다. 이를 통해 큰 권세와 부와 명예와 존경을 얻었다. 이것들이 가져다주는 혜택들이 인생을 바꿀 줄 알았고, 진정으로 행복한 인생을 가능하게 할 줄 알았다. 그런데 뒤돌아보니 하나님의 뜻을 깨달은 것이 아니었다. 결국 이웃을 불행하게 했고, 하나님나라가 삶에 임하는 것을 오히려 막고 있었던 것이다. 자신의 삶을 행복하게 하지도 못했고, 죄로 부패한 성품도 변화시킬 수 없었다.

바울은 자신의 육체를 자랑하면서 하나님나라를 깨트리고 불행한 삶을 살아가는 빌립보 교회 성도들을 통해 자신의 과거를 보게 되었다. 그리고 자신이 경험한 놀라운 비밀을 알려 준다.

주 예수 그리스도를 아는 지식의 고상함

바울이 자랑할 만한 육체적 가치들을 얻기 위해 힘썼고 또 얻기도 했는데, 왜 모두 배설물로 여기게 되었던 것일까?

바울이 어느 날 허무주의에 빠졌기 때문이 아니다. 가장 중요한 것을 알게 되었기 때문이다. 바울이 과거에 자랑하던 것들, 자신에게 이성을 초월한 충성을 요구했던 육체의 가치들을 배설물로 여기게 된 것은 너무나 소중한 것을 알고 경험했기 때문이다. 주 예수 그리스도를 아는 지식의 고상함을 알았던 것이다. 고상함이란 다른 것들과 비교할 수 없이 우월하다는 의미이다.

바울이 경험한 것은 바로 그리스도의 죽음과 부활에 동참하여 새롭게 변화되는 자신이며, 동시에 그 예수의 복음이 이 세상을 변화시킬 비전이었다.

> 내가 그리스도와 그 부활의 권능과 그 고난에 참여함을 알고자 하여 그의
> 죽으심을 본받아 어떻게 해서든지 죽은 자 가운데서 부활에 이르려 하노
> 니 _빌 3:10-11

즉, 바울은 메시야 예수께서 자신과 세상에 대하여 이룰 일의 엄
청난 가치를 보았던 것이다. 우선 자신에게 일어난 변화와 온 우주에
대한 참된 지식이 정돈되는 것에 대하여 감동하지 않을 수 없었다.
나아가 온 세상이 메시야의 사역으로 회복될 수 있다는 것을 예수의
부활을 통해 보았던 것이다.

바울이 경험한 것은 예수를 알고 그의 죽으심과 하나 되어 자신
이 하나님의 통치로 새롭게 되는 것이었다.

> 내가 그리스도와 함께 십자가에 못 박혔나니 그런즉 이제는 내가 사는 것
> 이 아니요 오직 내 안에 그리스도께서 사시는 것이라 이제 내가 육체 가운
> 데 사는 것은 나를 사랑하사 나를 위하여 자기 자신을 버리신 하나님의 아
> 들을 믿는 믿음 안에서 사는 것이라 _갈 2:20

바울은 자신이 과거에 가지려 했던 모든 것들이 자신에게 가져다
준 유익이 너무나 하찮은 것이라는 사실을 알게 되었다. 예수의 복음
안에서 자신이 죽고 새롭게 태어나 살아가는 삶의 위대함과, 죄로 탄

식하는 세상을 변화시키는 복음의 놀라운 능력을 깨닫고 경험하고 나니, 다른 것들은 빛을 잃어버렸던 것이다.

이성을 초월한 충성을 주님께

무엇이 당신의 인생을 진정으로 새롭게 하는가? 무엇이 당신의 미래를 위대하게 바꿀 것인가? 예수밖에 없다. 모든 것을 배설물로 여기게 되는 것은 정말 좋은 것을 발견했을 때 가능하다. 죄로 물든 당신의 성품과 악한 습관과 잘못된 사고를 현저하게 바꾸고, 당신의 미래를 복되게 할 수 있는 좋은 것은 바로 예수 그리스도를 아는 지식이다. 그러므로 우리는 주님께 이성을 초월한 충성을 다해야 한다. 그의 복음을 전하는 일에 우리의 가장 소중한 것을 드려야 한다.

미국에서 목회자 세미나를 진행하던 중에 그 세미나를 위해 너무나 귀한 음식을 겸손하게 대접하는 여집사님을 만났다. 예수만 드러내고 섬기는 귀한 분이기에 사연이 궁금했다. 다음 날 점심식사를 함께 하며 그 집사님의 사연을 듣게 되었다.

이분은 1987년에 부적 37개를 가지고 미국인 남편을 따라 미국으로 건너온 샤머니즘적 불교인이었다. 남편의 옷을 챙길 때 부적부터 챙겨 넣었고, 미국에서는 아줌마들끼리 주로 도박을 하며 시간을 보냈다.

과거에 두 집 살림을 하던 아버지에게 받은 상처와 한이 있었기 때문에 한국 사람과 결혼하지 않으려 했다. 그래서 한국에 온 미국인과 결혼했다. 무엇이든 자신의 힘과 오기로 해결하려고 했다. 남편과 싸우면 어린 딸도 놔두고 며칠씩 도박을 하며 집에 들어오지 않았다고 한다. 한 번 술을 먹으면 박스채 먹고, 운전을 하다 남편에게 화가 나면 차를 그냥 나무에 들이받은 적도 있었다. 한국에서 태권도 강사였던 그녀는 한 번 싸우면 집안 가구를 때려 부쉈다고 한다. 입에서는 매우 거친 욕이 떠나지 않았고, 미군인 남편과 싸우면 그의 군복을 욕조에 담그고 신발에 물을 채워놓았다. 그녀의 이야기를 바로 앞에서 들으면서도 믿을 수 없는 삶을 산 분이었다.

미국에 간 지 몇 달이 지나 딸을 교회에 보냈다. 아이에게 한글을 가르쳐야 하고 친구도 만나야 하는 한인으로서 당연한 일이었다. 어느 날 딸이 자기만 엄마 아빠 없이 교회에 간다는 말을 듣고 교회에 따라가기 시작했다. 그러나 한 달에 한 번 정도 예의상 가고, 삶은 여전히 술과 도박으로 전전하고 있었다. 그런데 그 교회에 그녀를 위해 헌신하는 여성이 있었다. 새벽 2시부터 닭을 가공하는 공장에서 노동을 하는 분이었는데, 그녀의 구역장이었다. 자신보다 훨씬 더 힘들고 고된 삶을 사는데, '왜 저 사람은 사랑으로 남을 챙기고 신앙을 저토록 귀하게 여길까? 왜 교회에 가는 것을 저렇게 소중하게 여길까? 그것도 남을 챙겨가면서, 사람들을 불러다가 음식을 대접하기까지 할까? 뭐가 있지 않을까?' 그녀는 궁금했다.

주일예배에만 가다가 금요철야예배에도 가게 되었다. 그러다 어느 금요철야예배에서 진정으로 주님을 만나 깊이 회개하게 되었다. 자신의 죄를 회개할 때 흥분상태에 빠졌을 정도였다고 한다. 그날 집회를 마치고 길을 나설 때, 앞에 있는 가로수가 마치 팔을 벌리고 자신을 부르는 하나님처럼 보였다고 한다. 그날부터 거짓말같이 입에서 나오는 말이 변하기 시작했고, 부부싸움이 일어나면 식탁 아래 들어가 30분씩 기도하고 싸움을 끝냈다고 한다. 맥주는 50병씩, 정종은 큰 병으로 먹던 술이 끊어졌다. 남편이 "왜 그러냐? 내가 뭐 잘못했냐? 원래대로 해라!"고 말할 정도로 변했던 것이다.

삶이 행복해지기 시작했다. 가정이 화목해졌다. 남을 도우면서도 경제적으로 나아지기 시작했다. 무엇보다 남편이 부처보다 예수가 세다고 하며, 교회 가고 헌금하고 봉사하는 것은 얼마든지 하라고 할 정도가 됐다. 그러면서 나에게는 "이렇게 확실하게 삶이 변했는데, 어떻게 예수를 전하고 교회를 위해 봉사하지 않을 수 있느냐?"고 반문했다. 그녀는 확실히 이성을 초월한 충성을 예수께 드리고 있었다. 예수를 아는 지식의 고상함을 체험했기 때문이었다.

그 여집사님의 두 딸이 너무나 신앙이 좋다고 한다. 큰 딸은 10살 때 "받는 자보다 주는 자가 복이 있다"는 말씀에 감동되었고, 용돈으로 주변 아이들을 섬겼다고 한다. 대학생 때부터 불우한 아이와 결연하여 재정적으로 도왔다. 지금도 한 달에 한 번은 하루 종일 그런 아이와 놀아준다고 한다. 학창 시절에는 공부도 열심히 해서 장학금을 받으며 주(州) 안에서 성적 100위 안에 들었고, 지금은 가정을 이루어 풍족하게 살아간다고 한다. 만약 어머니인 그 여집사님이 그 딸이 세 살 때 예수를 안 믿고 폭력적인 가정 분위기가 계속되었으면 어찌되었을까? 예수를 아는 지식은 정말 고상하다. 위대하다.

변화를 체험하자

주 예수 그리스도의 복음을 깨닫고 누리자. 그 안에서 복음의 참된 기쁨을 맛보자. 나를 변화시키고 가정을 변화시키며 세상을 새롭게 회복하는 복음의 놀라운 능력을 체험하자. 성령의 깨닫게 하심으로 자신의 죄와 더러움을 고백하고 씻음을 받자. 자신의 약함과 두려움이 담대함으로 바뀌는 놀라운 능력을 체험하자. 성령으로 말미암아 불가능한 일까지 할 수 있게 되는 변화를 체험하자. 사막 같고 황무지 같았던 나의 가정과 삶의 터전이 회복되고 살아나는 것을 경험하자. 나아가 우리를 통해 세상 열방이 회복되는, 놀라운 역사를 이루시는 하나님을 경험하자. 그러면 우리는 자연스럽게 자신의 이름과 명예와 자랑, 자기의 안락함과 쾌락이 얼마나 배설물과 같은지 깨닫게 될 것이다. 주 예수 그리스도를 아는 지식의 고상함을 자랑하게 될 것이다. 그러한 우리를 통해 하나님나라가 세상에 임하며, 세상은 아름답게 회복될 것이다.

일곱 번째 킹덤설교

세상의 초등학문을 벗어나 복음의 고등학문으로

갈라디아에 주어진 진정한 복음

갈라디아는 현재 터키의 중앙 아나톨리아 고지대에 있는 지역이다. 이 지역은 BC 25년에 로마의 식민지가 되었다. 이 지역의 주요 도시는 바울이 1차와 2차 선교여행 때 방문했던 비시디아 안디옥, 이고니온, 루스드라, 더베 등이다. 바울의 선교여행을 통해 갈라디아 지역에 진정한 복음이 전해졌다. 갈라디아에 믿음의 성도들이 많이 생겨났다. 갈라디아 성도들은 예수 안에서 성취된 하나님나라를 맛보았다. 그들은 그리스도의 십자가를 바라보며 자신을 부인하고, 하나님의 통치 안에서 서로 사랑하는 참된 삶을 훈련받았다.

> 너희가 다 믿음으로 말미암아 그리스도 예수 안에서 하나님의 아들이 되었으니 누구든지 그리스도와 합하기 위하여 세례를 받은 자는 그리스도로

옷 입었느니라 _갈 3:26-27

그들은 예수를 주로 영접하고 하나님의 백성이 되었다. 예수와 연합하여 하나님의 주권을 인정하는 백성으로 옷을 갈아입었다. 그들에게는 유대인과 헬라인, 주인이나 노예, 남성과 여성의 차별이 사라졌다. 예수 안에서 하나가 되어 사랑함으로 참된 회복이 주어졌다.

너희는 유대인이나 헬라인이나 종이나 자유인이나 남자나 여자나 다 그리스도 예수 안에서 하나이니라 _갈 3:28

예수를 통해 성취된 하나님나라의 복음을 통해 갈라디아 지역 교회의 성도들은 영적인 아브라함의 자손이 되어 온 세상을 회복시키는 영광스러운 사명 가운데 살아가게 되었다.

너희가 그리스도의 것이면 곧 아브라함의 자손이요 약속대로 유업을 이을 자니라 _갈 3:29

진정한 복음은 예수님을 통해 하나님의 나라가 이루어지는 것이다. 십자가에서 죽으시고 부활하신 예수님을 하나님의 아들 메시야로 고백하고, 그를 하나님과 동등한 성자 하나님이신 주로 고백하면 성령이 그 안에 임재하신다. 성령이 우리가 하나님의 백성임을 증거하며, 우리 안에서 하나님의 통치를 대행하신다.

> 너희가 아들이므로 하나님이 그 아들의 영을 우리 마음 가운데 보내사 아
> 빠 아버지라 부르게 하셨느니라 _갈 4:6

하나님의 통치가 이루어지는 하나님의 백성의 삶을 통해 그들의 가정과 교회 공동체뿐 아니라 그들이 살아가는 지역 사회까지 하나님의 복으로 회복된다. 이것이 사도 바울을 통해 갈라디아에 주어졌던 진정한 복음이다.

약하고 천박한 초등학문

그런데 어느 지역 누구에게나 복음을 알지 못하게 방해하는 초등학문이 있다. 사도 바울은 갈라디아 성도들이 하나님의 백성이 된 이후에 다시 약하고 천박한 초등학문으로 돌아가려는 경향을 보이고 있음을 지적한다.

> 그러나 너희가 그 때에는 하나님을 알지 못하여 본질상 하나님이 아닌 자
> 들에게 종 노릇 하였더니 이제는 너희가 하나님을 알 뿐 아니라 더욱이 하
> 나님이 아신 바 되었거늘 어찌하여 다시 약하고 천박한 초등학문으로 돌
> 아가서 다시 그들에게 종 노릇 하려 하느냐 _갈 4:8-9

바울은 하나님을 알지 못할 때, 하나님의 통치 밖에 있을 때 세상의 질서를 따라 살았던 갈라디아 성도들이 하나님을 알고 난 후에

도 다시 약하고 천박한 초등학문으로 돌아간 것에 대하여 강하게 책망하고 있다.

약하고 천박한 초등학문이란 무엇인가? 먼저 갈라디아 지역의 배경에서 이 문제를 풀어가 보도록 하자. 바울은 갈라디아서 2장에 안디옥에서 게바를 책망했던 사건을 기록했다.

> 게바가 안디옥에 이르렀을 때에 책망 받을 일이 있기로 내가 그를 대면하여 책망하였노라 야고보에게서 온 어떤 이들이 이르기 전에 게바가 이방인과 함께 먹다가 그들이 오매 그가 할례자들을 두려워하여 떠나 물러가매 남은 유대인들도 그와 같이 외식하므로 바나바도 그들의 외식에 유혹되었느니라 _갈 2:11-13

바울이 왜 게바를 책망했는가? 게바가 복음 안에서 이방인도 동등한 하나님의 백성으로 인정하고 하나님의 말씀대로 사랑하며 교제해야 함에도 불구하고, 강성 유대인의 영향을 받아 헬라인을 차별하고 멀리했기 때문이다. 우리는 여기서, 강성 유대인의 압력과 영향력이 예수를 통해 하나님을 사랑하고 이웃을 사랑하며 온 인류가 하나님의 통치 아래 하나 되는 진정한 복음을 변질시켰다고 유추할 수 있다. 유대인에 의해 변질된 복음이 바로 약하고 천박한 초등학문의 근원이었던 것이다.

갈라디아 지역에도 유대인이 많았다. 바울이 갈라디아서를 쓰기 한참 전에 바울이 이 지역에 복음을 전할 때, 여호와 신앙을 자신들의 민족주의적 율법 신앙으로 바꿔버린 강성 유대인이 바울이 전하는 복음을 받아들이지 못했고, 복음을 전하는 자들을 박해했다.

> 그 다음 안식일에는 온 시민이 거의 다 하나님의 말씀을 듣고자 하여 모이니 유대인들이 그 무리를 보고 시기가 가득하여 바울이 말한 것을 반박하고 비방하거늘 _행 13:44-45

> 이에 이고니온에서 두 사도가 함께 유대인의 회당에 들어가 말하니 유대와 헬라의 허다한 무리가 믿더라 그러나 순종하지 아니하는 유대인들이 이방인들의 마음을 선동하여 형제들에게 악감을 품게 하거늘 _행 14:1-2

이 강성 유대인의 영향력은 바울이 그 지역을 떠난 후에도 계속되었다. 갈라디아 성도들이 약하고 천박한 초등학문으로 돌아가고 말았던 것이다. 그들에게 약하고 천박한 초등학문이란, 예수를 믿고 나름대로 교회에 다녔지만, 하나님의 통치를 따라 살아가는 것이 아니라 유대인들이 몇몇 율법의 규칙들을 따라 만든 나름의 경건 규범들을 지키며 신앙생활을 했던 것을 말한다.

그들은 하나님의 백성이 되었지만, 성령 안에서 육체의 욕망으로부터 진정한 자유를 누리며 하나님의 통치를 따라 살아가지 못하고 이 땅을 회복시키지도 못했다. 천하만민이 복을 얻을 통로로서 살아가지 못했다. 오히려 주위에 있는 유대인들의 영향을 받아 자신들의 규범을 따르지 않는 사람들을 배척했다. 그들은 유대인들이 중시

하던 규범들을 지키는 것으로 타협하여 유대인들과 관계를 유지하고 그 종교적 규범 안에서 나름의 만족을 누렸던 것이다.

> 너희가 날과 달과 절기와 해를 삼가 지키니 내가 너희를 위하여 수고한 것
> 이 헛될까 두려워하노라 _갈 4:10-11

그들에게 전한 복음은 이렇게 하나님나라와 멀어졌다. 그들은 나름의 방식으로 종교적인 만족을 누리며, 이웃을 사랑하지 않는 옛 삶의 방식으로 돌아갔다. 성령 안에서 서로 사랑하며 예수와 연합하여 자신의 악한 본성을 극복하는 방식이 아니라, 자신의 욕망을 따라 원칙을 만들고 그것을 고수하는 방식으로 돌아갔던 것이다. 이것이 그들의 초등학문이었다. 성령 안에서 하나님의 통치에 순종하지 않고 육체의 욕망에 종속되어버린 거짓 복음, 성령 안에서 진정으로 이웃을 사랑하며 하나님의 말씀에 순종하는 자유를 누리지 못하는 종교가 바로 약하고 천박한 초등학문이었던 것이다.

> 그리스도께서 우리를 자유롭게 하려고 자유를 주셨으니 그러므로 굳건하
> 게 서서 다시는 종의 멍에를 메지 말라 _갈 5:1

바울은 이런 변질된 복음에 대해 강력한 저주를 선포한다.

다른 복음은 없나니 다만 어떤 사람들이 너희를 교란하여 그리스도의 복음

을 변하게 하려 함이라 그러나 우리나 혹은 하늘로부터 온 천사라도 우리

가 너희에게 전한 복음 외에 다른 복음을 전하면 저주를 받을지어다 우리

가 전에 말하였거니와 내가 지금 다시 말하노니 만일 누구든지 너희가 받

은 것 외에 다른 복음을 전하면 저주를 받을지어다 _갈 1:7-9

약하고 천박한 가짜 복음

갈라디아 성도들은 유대인들의 영향을 받아 약하고 천박한 초등학문
으로 돌아갔다. 바울은 이 초등학문이 약하다고 말한다. 약하다는 것
은 결국 우리를 변화시키고 새롭게 창조하는 능력이 없다는 것이다.
별 소용도 없는 종교적 만족에 불과하다는 것이다. 갈라디아 성도들
이 변질시킨 복음은 자신의 종교심을 만족시켰을지 몰라도 자신의
탐욕과 탐심을 따르는 것이며, 성령 충만한 열매를 맺지 못하는 연약
한 것이다. 진정한 복음은 정욕과 탐심을 십자가에 못 박는 것이며,
우리가 하나님의 주권을 인정하도록 변화시키는 놀라운 능력이다.

그리스도 예수의 사람들은 육체와 함께 그 정욕과 탐심을 십자가에 못 박

았느니라 _갈 5:24

내가 복음을 부끄러워하지 아니하노니 이 복음은 모든 믿는 자에게 구원

을 주시는 하나님의 능력이 됨이라 먼저는 유대인에게요 그리고 헬라인에

게로다 _롬 1:16

또한 바울은 이 초등학문이 천박하다고 말한다. 갈라디아 성도들이 따르는 학문이 도덕적으로 천박하고, 이웃을 차별하는 것에서도 천박함을 드러낸다는 것이다. 갈라디아의 초등학문은 하나님 사랑과 이웃 사랑의 율법을 순종하지 않고, 자신들의 악한 욕심에 종노릇하는 것이기에 천박하다. 그러나 예수의 복음은 고상하다. 우월하다. 성령의 풍성한 열매를 맺는다.

> 오직 성령의 열매는 사랑과 희락과 화평과 오래 참음과 자비와 양선과 충성과 온유와 절제니 이같은 것을 금지할 법이 없느니라 _갈 5:22-23

정리하자면, 약하고 천박하다는 것은 아무런 효과가 없을 뿐 아니라 도덕적으로도 천박한 삶의 방식이라는 것이다. 갈라디아 성도들이 유대인의 영향을 따라 변질시킨 복음은 하나님나라를 누리게 할 수 없게 하기에 무능하며 도덕적으로도 천박하다.

초등학문(헬, 스토이케이온)은 순서적으로 가장 처음 것이라는 뜻으로 '원리'로 번역하는 것이 가장 좋다. 이것을 로널드 펑(Ronald Fung)이라는 학자는 spirits of the elements로 번역했다. 소용도 없고 도덕적으로도 천박한 원리들을 주입하는 영들이라는 뜻이다.

갈라디아에 유행하던 복음은 세상의 천박한 원리를 따라 재구성된 하나의 종교에 불과했다. 그들이 말로는 예수를 주로 고백하지만 삶에 하나님의 통치는 없었다. 예수를 믿는 것 같지만 하나님이 주신 율법의 원리에 충실하지 않았다. 종교의 형식은 있지만 성령에 의한 하나님의 통치는 나타나지 않았다. 그런 약하고 천박한 초등학문을 복음이라고 믿은 갈라디아 성도들은 하나님나라를 누리지 못했고, 그들이 사는 땅은 회복되지 않았다.

이 시대의 초등학문 : 먹고 기도하고 사랑하라?

이 시대에도 약하고 천박한 초등학문이 교회 안에 들어와 있다. 자본주의 사회에서 살아가는 우리는 예수를 믿으면서도, 하나님의 자녀가 되었으면서도, 세상의 영적 원리들을 끌어들여 우리의 문제를 해결한다. 교회 다니고 성경의 가르침도 배우지만, 삶에서 자신의 문제를 해결하는 방식은 세상의 약하고 천박한 원리를 따른다. 교회에 다니는 것을 제외하면 자녀 교육은 옆집 아줌마의 방식으로, 비즈니스는 세상 사람들의 방식을 따른다. 스트레스는 친구들과 쾌락을 즐기며 푼다. 하나님나라는 그런 삶에 임하지 않는다.

줄리아 로버츠 주연의 〈먹고 기도하며 사랑하라〉라는 영화가 있다. 주인공 리즈는 행복을 위해 달려온 여성이다. 행복을 열심히 추구한다는 면에서 그녀는 우리와 닮았으며, 어찌 보면 복음을 찾는 구도자이기도 하다. 그녀는 열심히 노력해서 안정적인 직장을 얻었고, 번듯한 남편과 가정도 이뤘다. 맨해튼에 근사한 아파트도 소유했다. 하지만 그녀는 행복하지 않았다.

그녀는 진정한 인생의 행복을 위해 새로운 시도를 하기로 한다. 행복하기 위해 사랑했고 결혼도 했는데, 여전히 불행한 자신을 발견하며 행복을 찾기 위한 여행을 떠난 것이다. 우리가 복음을 찾는 과정과 비슷하지 않은가?

영화감독이 주인공 리즈를 통해 제시하는 해법이 바로 먹고 기도(?)하고 사랑하는 것이다. 주인공이 하나님 안에서 삶의 목적을 발견하고 하나님나라를 위해 사는 것이 아니라, 먹고 기도하고 사랑하는 방식으로 행복을 추구한다. 여기서 기도하고 사랑한다는 것은 기독교의 그것과 다른 개념이다. 이교도적이고 세상적이다.

그녀는 살아 있는 느낌과 행복을 체험하는 방법이 하나님의 주권을 인정하며 하나님의 말씀을 따라 자신에게 주어진 사명을 감당하는 것이 아니라, 먼저 마음이 통하는 사람과 맛있는 것을 먹는 것이라고 생각한다. 그녀가 참된 평안을 누리는 방법으로 기도한다는 것은 하나님께 기도하고 말씀으로 교제하여 자신에게 주어진 하나님의 뜻을 깨닫는 것이 아니다. 명상을 통해 자신을 용서하며 완벽해지려는 집착에서 벗어나는 것이다. 그녀에게 진정한 기쁨을 주는 사랑이란 하나님을 사랑하고 이웃을 사랑하는 것이 아니다. 새로운 사람을 만나 신비한 호기심과 육체적인 사랑의 감정을 느끼며, 새로운 성적 쾌락을 즐기는 것이다. 그렇게 먹고 기도하며 사랑하는 방식으로 행복을 찾을 수 있다고 주장하는 이 영화는 그야말로 세상의 약하고 천박한 초등학문을 말할 뿐이다. 이 영화에서 제시하는 행복의 길은 복음을 대체하며, 사람을 유혹하는 강력한 가짜 복음이다.

문제는 이 시대를 살아가는 하나님의 백성이 하나님의 주권을 인정하는 성령 충만한 삶을 복음의 원리로 채택하지 않는 것이다. 주일에 교회 나오는 것, 좀 더 수고한다면 약간의 교회 봉사를 하고 절기를 지키며, 잘해야 경건의 시간을 갖는 종교적인 생활 정도를 복음을 따라 사는 것으로 오해하고 있다. 이것은 주님이 하나님나라 백성에게 주시는 삶의 원리의 전부가 아니다. 참된 복음도, 진정한 하나님나라의 원리도 아니다. 초등학문이다.

예수를 주님으로 고백한 하나님의 백성은 하나님 안에서 인생의 목적을 발견하고, 그 안에서 삶의 행복을 찾는다. 하나님을 사랑하고 이웃을 구체적으로 사랑하면서 행복을 체험한다. 하나님과 깊은 교제 안에서, 그리고 이웃과의 교제 안에서 하나님의 사명을 감당하며 살아 있음을 느낀다. 성령의 인도하심을 따라 성령의 열매를 맺으며, 세상을 회복하는 거룩한 군사로서 기쁨을 느끼며 살아간다. 복음은 예수 그리스도를 통해 하나님의 통치에 순종하는 삶으로 거듭나게 하는 것이다. 복음으로 말미암아 예수를 믿어 하나님께 순종하게 되는 것이다.

아버지께서 죽은 자들을 일으켜 살리심 같이 아들도 자기가 원하는 자들을 살리느니라 아버지께서 아무도 심판하지 아니하시고 심판을 다 아들에게 맡기셨으니 이는 모든 사람으로 아버지를 공경하는 것 같이 아들을 공경하게 하려 하심이라 아들을 공경하지 아니하는 자는 그를 보내신 아버지도 공경하지 아니하느니라 내가 진실로 진실로 너희에게 이르노니 내 말을 듣고 또 나 보내신 이를 믿는 자는 영생을 얻었고 심판에 이르지 아니하나니 사망에서 생명으로 옮겼느니라 _요 5:21-24

우리는 예수를 믿음으로 하나님의 통치 안에 살아가는 새로운 생명을 누린다. 그 안에서 우리는 삶의 모든 고뇌를 이길 힘을 얻는다. 하나님의 풍성한 복을 체험한다.

세상의 초등학문에서 벗어나 복음의 고등학문으로

복음은 능력 있고 고상한 고등학문이다. 예수 안에서 하나님의 주권을 인정하며 살아갈 때, 인간은 자신의 정체성, 삶의 목적, 개인의 비전을 얻는다. 하나님의 도우심을 통해 자신의 비전을 이룰 능력을 갖게 되며, 인생에 필요한 모든 것을 공급 받는다.

욕망을 채워 행복하려는 시도, 평안을 위해 스스로를 위안하려는 시도, 세상의 사랑을 통해 감성적 기쁨을 얻으려는 시도. 그런 일탈을 시도하려는 갈망은 약하고 천박한 세상의 초등학문이다. 그것은 진정한 구원을 줄 수 없다. 무력하고 천박한 시도이다.

예수를 믿고 하나님의 자녀가 된 이후에도 세상의 유혹을 따라 종교생활이나 하는 초등학문에서 벗어나자. 우리의 삶에 하나님의 통치를 요청하자. 주님이 가르치신 대로 하나님나라가 우리에게 임하기를 기도하자.

욕망에 충실하면 행복할 수 있다는 것은 가짜 복음이다. 윤리의 실종, 사랑의 실종, 나눔의 실종을 통해 불행한 삶이 주어진다. 세상의 초등학문의 끝이 보여주는 것은 앞의 개미를 따라가다 함께 죽는 군대개미의 종말 같은 것이다. 군대개미는 자기 몸보다 수천 배 큰 먹이도 죽일 수 있는 대단한 능력을 가지고 있지만, 제일 앞의 대장 개미가 방향을 잘못 잡으면 계속 같은 곳을 따라가 몰살한다. 우리도 세상의 유혹을 따라가면 그 안에서 끊임없이 방황하면서 불행을 벗어나지 못한다. 약하고 천박한 가짜 복음은 우리를 그런 죽음의 길로 끌고 간다. 쇼핑하고, 먹고 마시고, 얄팍한 명상과 본능에 충실한 쾌락으로 행복을 찾으려는 것은 세상의 초등학문이다.

예수를 통해 하나님의 통치 가운데 하나님께서 주시는 삶의 비전을 따라 살아가는 삶, 그렇게 하나님과 이웃을 사랑하는 과정에 진정한 행복이 있다. 예수를 욕망하자. 하나님나라를 훈련하자. 우리 육체가 세상의 초등학문을 벗어나서 예수를 욕망할 때까지 훈련하자. 나아가 세상의 초등학문에서 답을 찾으려는 우리 이웃에게 진정한 행복의 길을 전해 주자. 세상의 초등학문으로부터 세상을 구출하자.

복음은 능력있고 고상한 고등학문이다.우리를 변화시키고 새로운 생명을 주는 고등학문인 복음을 따르자.

여덟 번째 킹덤설교

사랑, 가장 중요한 자기계발

사랑에 실패한 사람들

얼마 전 혼자 책을 보기 위해 카페에 갔다. 사람이 많아 자리가 별로 없었다. 두 여성이 뭔가 심각하게 대화하고 있는 테이블 바로 옆에 앉게 되었다. 책을 보는데 문득 두 여성의 대화가 들렸다. 고개를 들어 보니 두 여성 중 한 분은 TV에 자주 나오는 변호사였다. 대화 내용은 이혼소송에 관련된 것이었다. 의뢰인으로 보이는 여성은 남편에 대해 분노하면서도 두려워하고 있었다. 변호사는 수입이나 재산 등을 물어보며, 이혼이 의뢰인에게 유리하게 진행될 수 있도록 여러 가지 해야 할 일들을 알려주고 있었다. 본의 아니게 대화를 엿들으면서 참 안타깝다는 생각이 들었다.

현대인은 참 똑똑하다. 한 사람 한 사람 만나보면 너무 좋은 스펙을 가지고 있다. 자신의 전문분야뿐 아니라, 음악, 미술, 문학, 경제,

정치 분야에도 많은 식견을 가진 사람들이 많다. 그러나 너무나 많은 사람들이 아파한다. 인생에서 불행을 느낀다. 카페에서 본 그 여인처럼 사랑에 실패했기 때문이다.

하나님을 반역하고 사랑을 잃어버린 인간

사랑은 우리 인간이 존재하는 데 가장 기초적이고 필수적인 것이다. 인간은 홀로 존재할 수 없기 때문이다. 성경은 하나님이 창조한 세상에서 유일하게 좋지 않은 것이 우리가 홀로 존재하는 것이라고 말씀한다.

> 여호와 하나님이 이르시되 사람이 혼자 사는 것이 좋지 아니하니 내가 그를 위하여 돕는 배필을 지으리라 하시니라 _창 2:18

이 말씀은 독신이 좋지 않다는 뜻이 아니다. 사람이 홀로 있는 것이 존재를 온전케 할 수 없다는 것이다. 하나님의 형상으로 창조된 인간은 삼위일체 하나님의 존재 방식을 따라 서로 사랑하며 공동체로 존재할 때 아름다운 삶을 살아갈 수 있다. 따라서 인간은 하나님과의 온전한 관계 속에서 서로 사랑해야 한다. 사랑은 남을 위해서 하는 것이 아니다. 우리가 아름답게 존재하기 위한 필수인 요소인 것이다. 우리는 사랑 안에서 창조될 때의 아름다운 모습대로 존재할 수 있다.

아담과 하와 이야기가 우리에게 보여주는 사랑의 원형은 타자를 나와 동일시할 수 있는 능력이다. 아담은 타락 이전에 하와에게 이렇게 고백한다.

> 여호와 하나님이 아담에게서 취하신 그 갈빗대로 여자를 만드시고 그를 아담에게로 이끌어 오시니 아담이 이르되 이는 내 뼈 중의 뼈요 살 중의 살이라 이것을 남자에게서 취하였은즉 여자라 부르리라 하니라 _창 2:22-23

아담은 여자를 자신의 뼈와 살로 여긴다. 여자는 히브리어로 남자의 연장형이다. 즉, 남자라는 명사에 여성형 어미를 붙인 것이다. 본질적으로 아담은 하와를 남이 아니라 자신의 연장(延長)으로 본 것이다. 사랑은 일시적 연애 감정이나 불쌍히 여기는 마음이 아니다. 타자를 자신과 동일시하여 상호 간에 책임지는 마음과 행동이다. 이 사랑 안에서 우리는 본질적으로 하나님이 창조하신 모습대로 아름답게 존재할 수 있었던 것이다.

그러나 우리는 사랑을 잃어버렸다. 아담과 하와 이야기는 우리가 어떻게 사랑의 능력을 잃어버리고 불완전하게 존재하게 되었는지 이야기해 준다. 우리가 사랑의 능력을 잃어버린 원인은 하나님을 반역했기 때문이다. 하나님을 사랑하고 신뢰하며, 그분의 통치 안에서 그분의 복을 누리며 살아가야 하는 우리가 하나님을 반역한 것이다.

하나님의 통치 안에서 인류는 이웃을 사랑하며 살아간다. 하나님의 말씀대로 이웃을 사랑하면 하나님께서 인류에게 복을 주신다는 것을 신뢰하기 때문이다. 하지만 인류가 하나님을 반역하고, 그분의 통치를 거부했다. 하나님이 주시는 복은 사라졌다. 하나님 사랑하기를 거부한 우리는 이웃을 사랑할 수 없게 되었다. 우리는 스스로 복을 얻기 위해 이웃을 이용하게 되었다.

아담은 하나님을 반역했다. 마음에 두려움이 가득했다. 죄책감으로 그의 양심이 고동쳤다. 그는 더 이상 하와를 사랑할 수 없었다. 이웃은 더 이상 자신의 연장도, 자신과 동일한 존재도 아니었다.

> 그들이 그 날 바람이 불 때 동산에 거니시는 여호와 하나님의 소리를 듣고 아담과 그의 아내가 여호와 하나님의 낯을 피하여 동산 나무 사이에 숨은 지라 여호와 하나님이 아담을 부르시며 그에게 이르시되 네가 어디 있느냐 이르되 내가 동산에서 하나님의 소리를 듣고 내가 벗었으므로 두려워하여 숨었나이다 이르시되 누가 너의 벗었음을 네게 알렸느냐 내가 네게 먹지 말라 명한 그 나무 열매를 네가 먹었느냐 아담이 이르되 하나님이 주셔서 나와 함께 있게 하신 여자 그가 그 나무 열매를 내게 주므로 내가 먹었나이다 여호와 하나님이 여자에게 이르시되 네가 어찌하여 이렇게 하였느냐 여자가 이르되 뱀이 나를 꾀므로 내가 먹었나이다 _창 3:8-13

하나님을 반역한 인간은 이웃과 자연 만물을 자신과 동일시할 수 없게 되었다. 사랑할 수 없게 되었다. 아담은 하와를 이용한다. 하와는 뱀을 이용한다. 하나님의 복을 누리지 못하고 두려워하는 인간이 이웃과 하나님의 피조물들을 자신의 이익을 위해 이용하게 되었다. 서로를 이용하여 자신의 행복을 도모하게 된 결과, 모든 인류는 누군가에게 이용당하며 상처와 아픔을 겪게 되었다. 누군가를 이용하며 탐욕으로 상처와 아픔을 주고 있다. 서로 믿지 못한다. 사랑하지 못한다. 그 피해는 우리 모두에게 고스란히 돌아온다. 하나님을 사랑하며 이웃을 사랑할 때 아름답게 존재할 수 있는 우리가 '사랑'이라는 가장 중요한 능력을 상실함으로 모두 불행한 존재가 되었다. 우리는 하나님을 반역하고 사랑을 잃어버렸다.

복음은 사랑의 능력을 회복한다

복음은 하나님을 반역하고 사랑을 잃어버린 인간을 구원하기 위해 주어진 것이다. 따라서 복음은 우리 인간이 하나님을 반역한 죄를 회개하고, 다시 서로를 사랑할 수 있게 하는 것이다. 따라서 복음에는 먼저 하나님의 사랑이 나타났다.

> 하나님의 사랑이 우리에게 이렇게 나타난 바 되었으니 하나님이 자기의 독생자를 세상에 보내심은 그로 말미암아 우리를 살리려 하심이라 사랑은 여기 있으니 우리가 하나님을 사랑한 것이 아니요 하나님이 우리를 사랑하사 우리 죄를 속하기 위하여 화목 제물로 그 아들을 보내셨음이라
>
> _요일 4:9-10

복음에는 하나님께서 자기의 독생자를 세상에 보내셔서 화목 제물이 되게 하심으로, 우리의 죄와, 하나님을 반역하고 사랑을 잃어버

린 우리의 문제를 해결하시려는 하나님의 놀라운 사랑이 나타나 있다. 이것이 우리의 문제를 해결하는 진정한 복음이다.

우리가 복음을 생각할 때, 먼저 매우 구체적이고 놀라운 사랑이 나타났다는 것을 기억해야 한다. 죽음까지도 막을 수 없는 놀라운 사랑이 우리에게 주어졌다는 것을 생각해야 한다. 심지어 하나님을 반역한 인류를 하나님 자신이 철저히 사랑하셨다는 것을 되새겨야 한다.

복음은 하나님을 사랑하지 못하고 이웃을 사랑하지 못하는 우리 모습을 고발한다. 복음에 드러난 놀라운 하나님의 사랑은 우리가 얼마나 사랑과 거리가 먼 존재인지 철저하게 드러낸다. 우리는 복음 앞에서 우리 자신의 본질을 발견한다. 우리가 얼마나 이기적이고, 얼마나 이웃을 객체화하고 소외했는지 깨닫는다. 그 결과 우리가 얼마나 사랑 없이 불행했는지 알게 된다. 우리가 남들을 사랑할수록 손해라고 생각했던 것이 얼마나 어리석은 것인지 알게 된다.

우리는 복음에 계시된 하나님의 사랑을 받아들일 때, 하나님의 사랑을 진정으로 깨닫는다. 동시에 복음은 예수를 통해 계시된 하나님의 사랑을 통해 하나님을 사랑하고 이웃을 사랑하도록 우리를 안내한다. 우리가 회개하고 하나님 안에 있으면 이웃을 사랑하게 된다.

사랑하는 자들아 하나님이 이같이 우리를 사랑하셨은즉 우리도 서로 사랑하는 것이 마땅하도다 어느 때나 하나님을 본 사람이 없으되 만일 우리가 서로 사랑하면 하나님이 우리 안에 거하시고 그의 사랑이 우리 안에 온전

히 이루어지느니라 _요일 4:11-12

사실 복음의 결과는 구원의 확신뿐 아니라 사랑의 삶이다. 사랑의 삶을 통해 우리는 우리가 얼마나 복음화되었는지 깨달을 수 있다. 우리가 사랑의 복음 안에서 이웃을 욕망의 객체로 이용하는 우리의 모습을 발견하고 이웃을 우리와 동일한 사람으로 사랑하지 못한 죄를 회개하고 사랑하게 될 때, 하나님나라가 우리에게 임한다. 우리는 비로소 하나님의 창조 계획대로 아름답게 존재할 수 있다. 그렇게 우리가 존재하는 모든 곳에 진정한 공동체가 형성된다. 우리 가정이, 우리의 모든 관계가, 우리의 교회가, 우리의 사회가 하나님의 창조의 모습을 회복하게 되는 것이다.

사랑을 방해하는 두려움

그럼에도 불구하고 우리가 다시 사랑의 능력을 회복하는 것은 매우 어려운 일이다. 우리는 하나님의 복음을 알기 전에 이미 사랑의 부재 속에서 오랜 시간을 살아간다. 우리는 가정에서부터 온전한 사랑을 누리지 못한다. 가정에서 폭력과 이기심과 불행을 경험한다. 우리는 학교와 사회에서 진정한 사랑을 누리지 못한다. 행복을 위해 사랑하지만, 우리의 불완전한 사랑은 늘 상처를 동반한다. 우리는 이 세상에서 진정한 사랑과, 그 사랑의 결과인 하나님나라를 경험하지 못하고 자란다. 따라서 우리에게 사랑은 늘 두려운 것이다.

우리는 사랑의 아름다운 능력보다, 사랑에 대한 두려움을 가지고 있다. 그 두려움은 관계를 회피하게 하고, 관계를 경직시키고, 늘 계산하게 만든다. 공동체를 형성하거나, 서로 헌신하거나, 결혼과 같은 결단을 하기 어렵게 만든다. 우리는 사랑을 하기 전부터 손해 보고 상처받을 것을 염려한다. 어떻게 이 두려움에서 벗어나 온전한 사랑을 주고받을 수 있을 것인가? 해결책은 복음 안에서 사랑을 훈련하는 것이다.

> 아버지가 아들을 세상의 구주로 보내신 것을 우리가 보았고 또 증언하노니 누구든지 예수를 하나님의 아들이라 시인하면 하나님이 그의 안에 거하시고 그도 하나님 안에 거하느니라 하나님이 우리를 사랑하시는 사랑을 우리가 알고 믿었노니 하나님은 사랑이시라 사랑 안에 거하는 자는 하나님 안에 거하고 하나님도 그의 안에 거하시느니라 _요일 4:14-16

사랑은 세상에서 배우는 것이 아니다. 우리는 예수를 통해 나타난 하나님의 사랑 안에서 진정한 사랑을 배우고 훈련할 수 있다. 하나님의 사랑을 통해 두려움을 극복하자. 그분의 온전한 사랑을 배우자. 그 사랑이 모든 두려움을 이기게 한다.

> 사랑 안에 두려움이 없고 온전한 사랑이 두려움을 내쫓나니 두려움에는 형벌이 있음이라 두려워하는 자는 사랑 안에서 온전히 이루지 못하였느니라 _요일 4:18

우리가 온전한 사랑을 실천하면 모든 두려움을 극복하고 행복하게 존재할 수 있다. 하나님께서 창조하신 모습대로 나를 행복하게 하고, 다른 이들을 행복하게 하는 사람이 될 수 있다. 우리가 두려움으로 자기 자신만을 사랑한다면, 아무리 많은 것을 가지고 있더라도 불행하게 될 뿐 아니라, 다른 이들도 불행하게 만드는 존재가 되는 것이다.

사랑, 가장 중요한 자기계발

사랑을 훈련하는 것은 가장 중요한 자기계발이다. 인간이 아름다운 인생을 살아갈 수 있는 것은 뭔가를 소유하고 성취하는 데서 오는 것이 아니다. 아름다운 인생은 사랑으로부터 온다. 우리는 세상의 스펙을 쌓기 위해 많은 시간을 자기계발에 투자하지만, 정작 가장 중요한 자기계발은 하지 못하고 있다. 진정한 자기계발은 인생을 아름답게 해야 한다. 그것은 사랑의 능력밖에 없다. 사랑이라는 가장 중요한 자기계발은 나뿐 아니라 다른 이들을 행복하게 한다.

우리가 사랑을 하려면, 하나님의 사랑을 배우고 실천하도록 우리를 이끄는 복음밖에 길이 없다. 복음 안에는 온 세상에 복을 주는 놀라운 능력이 들어 있기 때문이다. 하나님께서 아브라함에게 주신 복음은 아브라함이 복을 얻고, 아브라함을 통해 땅의 모든 족속이 복을 얻는 것이다.

··· 네게 복을 주어 네 이름을 창대하게 하리니 너는 복이 될지라 ··· 땅의 모
든 족속이 너로 말미암아 복을 얻을 것이라 하신지라 _창 12:2-3

복음에 나타난 하나님의 사랑으로 세상은 치유되고 있다. 하나
님의 사랑으로 자기계발에 성공한 사람들이 결국 세상을 아름답게
한다.

성공이 아니라 섬김이다

사랑으로 조선을 행복하게 한 서서평(본명:엘리자베스 셰핑) 선교사의
이야기를 소개하려 한다. 그녀는 1880년 독일에서 태어나 11세에
미국으로 와서 21세에 정식 간호사가 되었다. 그녀는 예배를 통해
참된 그리스도인으로서 어떻게 살아야 하는지 깨닫게 되었다. 이듬
해인 1912년 한국에 와서 1934년 6월까지 22년간 조선을 섬겼다.
그녀는 환경이 열악했던 조선에서 자신의 모든 것을 바치고 조선 사
람을 사랑했다. 그녀의 사랑을 통해 수많은 영혼들이 하나님의 사랑
을 배웠다. 그녀는 세브란스병원 등에서 일하며 병든 자를 간호하는
간호사들을 양성했으며, 여성들을 교육하기 위해 한국 최초의 여자
신학교인 이일학교를 세웠다. 이 학교는 후에 한일장신대학교로 발
전했다.

그녀는 전도지를 가지고 전라도 일대를 다니며 가가호호 복음을
전했으며, 가난한 이들을 돕지 않고는 견디지 못하는 구제의 사도였

다. 고아 13명과 한센병자의 아들을 입양하여 친자식처럼 아끼고 키웠다. 자신은 어머니로부터 버림받은 경험이 있지만, 하나님의 사랑으로 고아들을 섬겼다. 심지어 그들과 한 이불을 덮고 생활했다고 한다. 그녀는 한센병자들을 위해 헌신하며, 일제 총독부가 진행한 한센병환자 정관수술 정책에 반대하는 운동을 일으켜 정관수술 정책을 폐지하고, 소록도에 갱생원을 세우기도 했다. 그녀는 한센병자들의 어머니라는 별명을 얻게 되었다.

그녀는 무명베옷을 입고 고무신을 신었으며, 된장국을 먹으면서 조선인으로 살았던 진정한 그리스도인이었다. 병으로 죽어가면서 자기 같은 환자가 없도록 하기 위해 병원에 시신을 기증했다. 많은 사람들은 그녀가 임종한 후, 그녀의 좌우명에 감동했다.

"성공이 아니라 섬김이다"(Not Success, But Service).

그녀의 좌우명은 성공을 위해 자기계발에 힘쓰지만 결국 자신도 불행하고 많은 이들을 불행하게 하는 현대인에게 진정한 복음을 제시한다. 진정한 자기계발은 복음 안에 계시된 사랑이며, 그 사랑은 성공이 아니라 섬김을 지향한다. 서서평 선교사는 부모님의 사랑을 받지 못한 불행한 어린 시절을 보냈지만, 복음에 계시된 하나님의 사랑 안에서 진정한 사랑의 삶을 훈련했다. 그리고 모든 두려움을 극복했다.

그녀는 젊은 나이에 자신의 삶을 조선에 던져 수많은 이들을 행복의 길로 인도했다. 그녀는 자신의 사랑을 통해 많은 이들에게 하나님의 사랑을 보여주었고, 그녀의 가르침을 받은 많은 이들이 감동하여 또 다른 이들에게 하나님의 사랑을 전하였다. 그녀는 한국교회의 진정한 모태였으며, 한국을 행복하게 한 복음의 일꾼이었다.

우리도 하나님의 사랑으로 우리 자신을 계발해 간다면, 우리의 삶에 놀라운 비밀을 경험하게 될 것이다. 그것이 바로 우리도 행복하며, 우리를 통해 세상이 행복해지는 복음의 놀라운 비밀이다.

우리에게 진정 중요한 것은 성공을 위한 자기계발이 아니다. 복음에 기초한 사랑의 자기계발이다.

아홉 번째 킹덤설교

야훼 내러티브 vs
돈과 쾌락의 내러티브

비도덕적 포스트모더니스트의 내면 이야기

여러 영화제에서 상을 받은 영화감독 김기덕 씨가 근친 성관계를 묘사한 〈뫼비우스〉(2013년 작)라는 영화를 제작할 때 여배우를 폭행하고 베드신을 강요했다는 이유로 고소를 당했다.

영화감독은 자신의 내면 이야기를 작품으로 담아낸다. 김기덕 감독은 늘 인간의 욕망의 문제를 다룬다. 특이한 점은 그가 인간의 욕망이 얼마나 악한지 고발하는 것이 아니라, 인간의 욕망이 처음과 끝을 알 수 없게 끊임없이 연결되어 있는 것이라고 주장한다는 것이다. 그의 내면에는 결국 모든 욕망은 정당화되어야 한다는 생각이 들어 있다. 영화 제목 뫼비우스는 인간의 욕망에 대한 그의 생각을 절묘하게 드러낸다. 모든 욕망이 뫼비우스의 띠처럼 하나로 연결되어 있다면, 누가 욕망을 윤리적으로 정죄할 수 있겠는가? 따라서 그는 윤리와 도덕을 붕괴시키는 일에 앞장선 인물이라고 말할 수 있다.

그런 그에게 최근의 추문 같은 일이 따르는 것은 당연하다. 그는 자신의 욕망을 정당화하려고 영화를 만들고, 영화에서 말하듯 자신의 욕망을 정당화하고 있다. 2013년 영화 개봉 당시 인터뷰에서 "도덕과 윤리라는 것도 결국 사회에서 사람에게 덮어 씌운 것"이라고 말했다. 이러한 그의 내면 이야기(내러티브)는 그의 모든 작품과 삶을 통해 드러나고 있다. 그에게 윤리적 삶을 기대하기는 어려울 것이다. 물론 많은 사람들이 그에 동조해서 우리에게 물을 것이다. "당신이 이야기하는 윤리적 삶은 누가 규정한 것이냐?"고. 그는 자신이 정당하다고 생각할 뿐 아니라, 자신이 인류의 발전에 이바지하며 앞서가는 사람이라고 생각할 것이다. 하지만 그는 자신의 욕망을 아주 고급스러운 방식으로 정당화하며, 인류의 생존 기반인 윤리와 도덕을 파괴하는 전형적인 비도덕적 포스트모더니스트에 불과하다.

도덕적 자연주의자의 내면의 이야기

김 감독과 전혀 다른 방향으로 자신의 이야기를 펼쳐내는 교수가 있다. 이화여대 석좌교수인 최재천 교수다. 그는 생물학을 연구한 과학자다. 하지만 그를 무신론적 자연주의 철학자라고 말하는 것이 더 정확할 것이다. 도덕적 자연주의자인 것이다. 그는 김기덕 감독처럼 욕망을 정당화하거나 비도덕적 사회를 지향하지 않는다. 인류가 지혜롭게 살 수 있는 방법을 제시하려 힘쓴다. 하지만 결국 무신론적 자연주의 철학자에 가까운 그가 많은 이들이 삶의 의미를 찾기 어렵게 만들고 있다.

그의 내면에는 어떤 이야기가 있을까? 자연주의자인 그는 생명이란 결국 DNA의 자기 복제의 결과물일 뿐이라고 말한다. 철저한 자연주의자이며 진화론자인 그의 관점에서는 인간도 마찬가지다. 빅뱅에 의해 우주에 우연히 발생한 생명체가 자연 선택의 과정 속에서 여러 종류로 분화되다 인류로 진화되었다. 그 중 다른 인류들을 모조리 죽이고 살아남은 것이 지금의 호모 사피엔스, 바로 우리라고 주장한다. 인간은 그저 다른 동물들과 마찬가지로 DNA의 복제 과정 속에서 우연히 등장해 살아남은 생명체라는 것이다. 그렇다면 인간에게는 다른 동물들과 다른 독특한 정체성이 있을 수 없다. 인간의 모든 영적인 특성은 의미가 없다. 사실 진화론적 자연주의자에게 인생은 특별한 의미를 가질 수 없다. 그는 매우 정직하고 윤리적인 학자로 살아가고 있는 것처럼 보이지만, 그의 내면의 이야기는 그 자신과 수많은 사람들에게 삶의 의미를 빼앗아가고 있다.

그의 인문학 강의 중에 이런 내용이 나온다. 한 번은 그의 강의를 들은 학생이 찾아와 눈물을 흘리며 말했다고 한다. "인생이 무슨 의미가 있냐?"고. 최 교수 자신도 한때 인생을 끝내려는 생각을 했다고 한다. 자신이 지금 죽어도 DNA의 입장에서는 아무 문제가 없다고 생각했던 것이다. 자신이 충분히 복제가 되어 있지만, 즉 살아 있으나 죽으나 호모 사피엔스의 DNA는 충분히 복제되어 있지만, 그는 정작 인생의 의미를 찾으려 고민했다고 한다. 없는 의미를 만들어내려니 힘들었을 것이다. 그럼에도 불구하고 그는 지식을 쌓고 모르는 것을 알아가며, 삶의 방법을 터득해 가면서 인생의 의미를 찾으라고 말한다.

그의 강의 중에 기억에 남는 부분이 있다. 곤충과 식물(벌과 꽃)처럼 상생의 방법을 찾으라는 것이다. 양자역학에 관한 책도 읽고 다양한 지식을 쌓으며 인생의 의미를 찾으라는 것이다. 최재천 교수는 인간이 세상에 우연히 던져진 존재이지만, 삶의 의미를 찾아야 한다고 가르쳤던 실존주의 철학자 사르트르의 한국판이다. 그는 돌고래 제돌이를 제주 앞바다로 돌려보냈지만, 수많은 사람들의 인생에는 무의미를 선물하고 있다. 자신의 내면의 이야기가 자신의 삶을 만들어내기 때문이다.

재미있는 사실은 그가 30년간 교회에 다닌 사람이라는 것이다. 기독교인인 아내를 위해 교회에 다녔고, 자신은 '교회용 운전기사'라고 소개한다고 한다. 그는 자신의 내면에 있는 이야기를 신봉하느라 30년 동안 교회에서 수많은 말씀을 들으면서도 그 말씀으로부터 자신을 지켜냈다(?). 그가 30년 간 교회를 다닌 것은 벌과 식물에게서 배운 상생의 지혜(?)인 것 같다. 그로선 불행하게도(!) 아들이 기독교인이 되었다고 한다. 그가 몇 년 전 《만들어진 신》의 저자이자 철저한 무신론자인 영국의 리처드 도킨스를 만났다고 한다. 철저한 진화론적 무신론자를 만난 도킨스는 매우 반가웠을 것이다. 그는 최 교수에게 종교(기독교)에 대한 생각을 물었다고 한다. 최 교수는 자신의 이야기를 했고, 그는 이렇게 말했다고 한다.

"아내에 대한 사랑으로 함께 교회에 다니는 것은 아름다운 일이라고 생각한다. 하지만 그러는 동안 아들이 기독교인이 된 건 안 된 일이다."

교회에 30년을 다니면서도 하나님보다 자신의 사유 능력을 믿는 것이 참 안타깝다. 진화론적 자연주의 철학자의 내면의 이야기가 그의 인생을 이렇게 만들어내고 있으니 말이다.

우리의 삶을 빚어내는 내면의 내러티브

무엇이 우리의 삶을 만들어내는가? 이것은 매우 중요한 문제다. 우리는 왜 매사에 무엇 때문에 어떤 선택을 하고, 어떤 행동을 하고, 어떤 말을 하고, 결국 어떤 삶을 살게 되는가? 그것은 우리 안에 있는 내면의 이야기가 있기 때문이다. 어떤 이들을 이것을 세계관이라고 말하기도 한다. 세계관이 내면의 이야기로부터 만들어지는 하나의 체계라고 할 수 있으니, 결국 같은 것이라고 말할 수도 있을 것이다.

비도덕적 포스트모더니스트 김기덕 감독의 삶은 그의 내면에 있는 욕망의 이야기에 의해 형성되었다. 그것이 그의 삶을 만들어냈다. 도덕적 자연주의자 최재천 교수의 인생은 생명에 대한 과학의 가설적 이야기에 의해 근거한다. 그것이 그의 삶을 만들어냈다.

어떤 이야기가 우리 내면을 지배하고 있는지가 우리 인생을 결정한다. 어떤 종교를 가지고 있는가, 어느 지역에서 태어났는가, 어떤 경험을 했는가, 어느 시대를 살아가며 어떤 교육을 받았는가 등이 우리 내면의 이야기를 형성한다.

사실 인간은 내면의 이야기를 스스로 만들어낼 수 없다. 하나님께서 우리에게 계시를 주신 이유가 바로 이 때문이다. 하나님은 계시를 통해 우리에게 유일하고 독보적으로 유익한 내면의 이야기를 만들어 주신다. 하나님은 이스라엘 백성에게 그 이야기를 주셨고, 결국 독생자 예수 그리스도를 통해 그 이야기를 완성하셨다. 성경은 우리에게 유익한 내면의 이야기를 만들어 준다. 우리가 예수를 믿고 성경을 통해 우리 내면의 이야기를 만들어 낸다면, 우리의 삶은 참으로 아름다운 인생이 될 것이다. 하나님의 구원을 맛보게 될 것이다.

우리 내면의 이야기는 하나님께서 세상을 창조하고 다스리시고 구원하신다는 이야기, 이른바 '야훼 내러티브'여야 한다. 우리 안에 있는 야훼 내러티브는 내가 누구인지, 내 인생의 목적은 무엇인지, 내가 어떤 결정과 행동을 해야 하는지 명확하게 이야기한다.

우리는 하나님이 창조하신 피조물이다. 기본적으로 하나님의 복이 없이 스스로 자존할 수 없는 존재이며, 우리의 정체성과 삶의 목적을 하나님의 계시를 통해 얻어야 한다.

우리는 하나님이 세상을 다스리신다는 것을 믿기에 하나님의 말씀의 계시를 연구하고, 그 계시를 우리의 윤리와 도덕의 규범으로 삼는다. 우리는 하나님께서 우리 안에 있는 성령을 통해 우리를 인도하신다는 것을 믿기에, 기도하며 하나님의 뜻을 구하고 성령의 인도하심을 따라 살아가려 힘쓴다. 우리는 하나님께서 최종적인 심판자라는 것을 믿는다. 따라서 하나님께서 심판하시는 기준에 따라 신실하게 내세를 준비하며 현실을 살아간다.

그리스도인인 우리 안에 과연 야훼 내러티브가 있는가? 우리는 야훼 내러티브를 따라 살아가고 있는가? 아니면 다른 세상의 이야기들이 우리 내면에 있는가? 우리가 혹시 돈과 쾌락의 내러티브를 따라 살아가고 있지는 않은가?

야훼 내러티브를 따라 살아간 사무엘

사무엘, 그리고 홉니와 비느하스 형제를 대조하여 그들이 어떤 이야기를 따라 살아갔는지 살펴보자.

사무엘은 여호와 앞에서 섬겼다.

> … 그 아이는 제사장 엘리 앞에서 여호와를 섬기니라 … 사무엘은 어렸을 때에 세마포 에봇을 입고 여호와 앞에서 섬겼더라 … 아이 사무엘이 점점 자라매 여호와와 사람들에게 은총을 더욱 받더라 _삼상 2:11,18,26

반면 엘리의 두 아들, 홉니와 비느하스는 여호와를 알지 못했다. 사무엘이 여호와를 섬겼다는 말은 교회에 다녔다는 말이 아니다. 기독교인이었다는 말도 아니다. 그렇게 따지면 엘리의 두 아들은 기독교인 중 기독교인일 것이다. 사무엘이 여호와를 섬겼다는 말은 세상을 창조하시고 다스리시는 하나님을 실제적으로 경외하고, 그의 창조 목적을 따라 살아갔다는 말이다. 그의 결정과 행동의 기준이 하나님의 말씀에 있었다는 말이다. 그의 삶에는 하나님이 살아 계셨다. 눈에 보이지 않으시지만, 하나님은 늘 그의 행동에 개입하셨다. 이것이 바로 그가 야훼 내러티브에 근거해 살았다는 말이다.

사무엘은 하나님을 경외하며, 그의 말씀의 통치에 순종했다. 그는 세상을 다스리며 자신의 운명을 결정하실 분이 여호와 하나님이라는 구약의 이야기를 믿었다. 여호와께서 세상의 주인공이라는 '야훼 내러티브'를 믿은 것이다. 그는 세상을 창조하시고, 애굽으로부터 이스라엘을 구원하시고, 가나안 땅과 율법을 주신 하나님께서 이 세상을 다스리는 궁극적 권력인 것을 믿었다. 그리고 그 믿음에 따라 행동했다. 사무엘의 삶은 계속해서 야훼 내러티브에 근거하고 있었다. 그는 이스라엘 백성이 야훼 내러티브에 근거해야 회복될 수 있다는 것을 믿고, 그렇게 지도하는 일에 집중했다.

> 사무엘이 이스라엘 온 족속에게 말하여 이르되 만일 너희가 전심으로 여호와께 돌아오려거든 이방 신들과 아스다롯을 너희 중에서 제거하고 너희 마음을 여호와께로 향하여 그만을 섬기라 그리하면 너희를 블레셋 사람의 손에서 건져내시리라 이에 이스라엘 자손이 바알들과 아스다롯을 제거하고 여호와만 섬기니라 사무엘이 이르되 온 이스라엘은 미스바로 모이라 내가 너희를 위하여 여호와께 기도하리라 하매 그들이 미스바에 모여 물을 길어 여호와 앞에 붓고 그 날 종일 금식하고 거기에서 이르되 우리가 여호와께 범죄하였나이다 하니라 사무엘이 미스바에서 이스라엘 자손을 다스리니라 _삼상 7:3-6

그의 윤리적 행위도 모두 야훼 내러티브에 근거했다. 그는 자신의 권세를 남용하지 않고 정직하게 살아갔다.

> 이제 왕이 너희 앞에 출입하느니라 보라 나는 늙어 머리가 희어졌고 내 아들들도 너희와 함께 있느니라 내가 어려서부터 오늘까지 너희 앞에 출입하였거니와 내가 여기 있나니 여호와 앞과 그의 기름 부음을 받은 자 앞에서 내게 대하여 증언하라 내가 누구의 소를 빼앗았느냐 누구의 나귀를 빼앗았느냐 누구를 속였느냐 누구를 압제하였느냐 내 눈을 흐리게 하는 뇌물을 누구의 손에서 받았느냐 그리하였으면 내가 그것을 너희에게 갚으리라 하니 그들이 이르되 당신이 우리를 속이지 아니하였고 압제하지 아니하였고 누구의 손에서든지 아무것도 빼앗은 것이 없나이다 하니라 _삼상 12:2-4

사무엘이 야훼 내러티브를 믿고 살아갔다는 것과 그의 내면의 이야기가 야훼 내러티브였다는 증거는 그의 신앙고백을 통해서가 아니라 그의 삶의 순간순간에 나타난 것이었다. 그의 삶이 야훼 내러티브에 대한 해석이었던 것이다.

돈과 쾌락의 내러티브를 따라 살아간 홉니와 비느하스

반면 홉니와 비느하스는 요즘 말로 하면 분명 교회 다니는 기독교인이었다. 제사장이었기 때문이다. 그들은 성막에서 지내며, 법궤를 다루는 권세를 가졌다.

이에 백성이 실로에 사람을 보내어 그룹 사이에 계신 만군의 여호와의 언약궤를 거기서 가져왔고 엘리의 두 아들 홉니와 비느하스는 하나님의 언약궤와 함께 거기에 있었더라 _삼상 4:4

하지만 그들의 내면에 야훼 내러티브는 없었다. 그들은 자신들의 운명을 돈과 쾌락이 결정한다고 믿었다. 그들의 신앙고백은 어땠는지 모르지만, 그들의 삶은 그들의 내면의 이야기가 무엇이었는지를 보여주었다. 바로 돈과 쾌락의 내러티브다. 그들의 삶은 분명 돈과 쾌락이 자신들의 존재의 근거이며, 그것이 자신들을 행복하게 해줄 것이라는 그들의 믿음을 드러내고 있다.

그 제사장들이 백성에게 행하는 관습은 이러하니 곧 어떤 사람이 제사를 드리고 그 고기를 삶을 때에 제사장의 사환이 손에 세 살 갈고리를 가지고 와서 그것으로 냄비에나 솥에나 큰 솥에나 가마에 찔러 넣어 갈고리에 걸려 나오는 것은 제사장이 자기 것으로 가지되 실로에서 그 곳에 온 모든 이스라엘 사람에게 이같이 할 뿐 아니라 기름을 태우기 전에도 제사장의 사환이 와서 제사 드리는 사람에게 이르기를 제사장에게 구워 드릴 고기를 내라 그가 네게 삶은 고기를 원하지 아니하고 날 것을 원하신다 하다가 그 사람이 이르기를 반드시 먼저 기름을 태운 후에 네 마음에 원하는 대로 가지라 하면 그가 말하기를 아니라 지금 내게 내라 그렇지 아니하면 내가 억지로 빼앗으리라 하였으니 _삼상 2:13-16

돈과 쾌락의 내러티브에 대한 그들의 믿음이 얼마나 컸는지, 그들은 여호와의 제사를 멸시하기까지 했다.

> 이 소년들의 죄가 여호와 앞에 심히 큼은 그들이 여호와의 제사를 멸시함이었더라 _삼상 2:17

당연히 그들의 죄를 경고하는 아버지의 음성은 아예 들리지 않았다.

> 엘리가 매우 늙었더니 그의 아들들이 온 이스라엘에게 행한 모든 일과 회막 문에서 수종 드는 여인들과 동침하였음을 듣고 그들에게 이르되 너희가 어찌하여 이런 일을 하느냐 내가 너희의 악행을 이 모든 백성에게서 듣노라 내 아들들아 그리하지 말라 내게 들리는 소문이 좋지 아니하니라 너희가 여호와의 백성으로 범죄하게 하는도다 사람이 사람에게 범죄하면 하나님이 심판하시려니와 만일 사람이 여호와께 범죄하면 누가 그를 위하여 간구하겠느냐 하되 그들이 자기 아버지의 말을 듣지 아니하였으니 …
> _삼상 2:22-25

그들은 돈과 쾌락의 내러티브에 점령당했다. 그들은 여호와의 율법에 따라 제사를 집행하는 사람들이었지만, 그들 내면의 이야기가 성경이 가르치는 야훼 내러티브를 지워버렸다. 그들이 여호와를 알지 못한다는 것은 지식을 말하는 것이 아니다.

그들은 하나님이 아니라 돈과 쾌락이 인생을 결정하는 가장 중요한 권력이라고 믿었다. 그리고 그 믿음에 따라 행동했다. 이들은 하나님의 백성이었지만, 이 세상의 지배적 내러티브에 종속되어 있었다.

야훼 내러티브가 옳고 유익하다

사무엘과 두 제사장은 모두 자신들의 인생을 위해 각각 다른 내러티브를 택했다. 우리는 두 가지 질문을 할 수 있다. 첫째, 누가 옳은 내러티브를 택했는가? 둘째, 누가 자신에게 유익한 내러티브를 택했는가? 첫째 질문은 윤리적인 질문이다. 둘째 질문은 실용적인 질문이다. 우리는 분명히 결론내릴 수 있다. 야훼 내러티브를 택하고 그에 따라 살아간 사무엘이 윤리적으로 옳았고, 실용적으로 유리한 결과를 얻어냈다. 왜냐하면 세상을 다스리는 분이 하나님이시기 때문이다.

우리가 교회를 다니는 것은 중요하다. 성경을 얼마나 아는지도 중요하다. 하지만 진정으로 중요한 것은 우리를 지배하는 이야기가 무엇인가 하는 것이다. 어떤 이야기가 우리를 지배하는지는 우리의 삶을 보면 알 수 있다. 야훼 내러티브냐, 혹은 돈과 쾌락의 내러티브냐?

우리는 어떤 내러티브에 종속되어 있는가? 우리의 선택과 행동은 어떤 이야기에 지배를 받고 있는가? 삶의 중요한 결정들이 어떤 이야기에 지배를 받았는지 깊이 돌아보자.

야훼 내러티브가 옳고 유익하다. 우리 자신을 위해, 그리고 하나님의 영광을 위해 야훼 내러티브를 훈련하고, 그에 따라 살아가는 지혜로운 백성이 되자.

> 그러므로 누구든지 나의 이 말을 듣고 행하는 자는 그 집을 반석 위에 지은 지혜로운 사람 같으리니 비가 내리고 창수가 나고 바람이 불어 그 집에 부딪치되 무너지지 아니하나니 이는 주초를 반석 위에 놓은 까닭이요 나의 이 말을 듣고 행하지 아니하는 자는 그 집을 모래 위에 지은 어리석은 사람 같으리니 비가 내리고 창수가 나고 바람이 불어 그 집에 부딪치매 무너져 그 무너짐이 심하니라 _마 7:24-27

열 번째 킹덤설교

생각보다 강한 적, 생각보다 약한 나

카하마르카 전투

세계적인 베스트셀러 작가 재레드 다이아몬드는 〈총·균·쇠〉라는 책에서 스페인 군대가 잉카 제국을 점령하는 데 결정적인 역할을 한 카하마르카 전투를 소개하고 있다. 당시 잉카 제국은 남미를 지배하고 있었으며, 놀라운 문명을 발전시킨 거대 제국이었다. 카하마르카에 도착한 스페인 피사로 장군의 군대는 고작 168명이었다. 스페인 군대를 기다리고 있던 잉카 아타우알파의 군대는 약 8만 명이었다. 아무리 총이 있었다 해도 오랜 전쟁과 항해에 지친 스페인 군대가 이기기는 불가능한 전쟁이었다. 하지만 잉카 제국의 군대는 패배하고 말았다. 놀라운 것은 첫 교전에서 스페인 군에 사망자가 한 명도 없었으며, 왕 아타우알파가 생포되었고, 잉카의 사망자는 7천 명 정도나 되었다. 500대 1의 싸움에서 잉카 군대가 패배한 것이다. 그것도 말도 안 되는 패배를 당했다.

이 놀라운 패배 이후의 이야기는 더 놀랍다. 왕 아타우알파를 생포한 피사로 장군은 가로 6.7, 세로 5.2, 높이 2.4미터의 방에 금을 채우면 왕을 풀어주겠다고 약속했다. 왕의 몸값을 치르면 왕을 풀어줄 줄 알았던 잉카 군대는 순진하게도 그 많은 황금만 잃어버렸다. 피사로 장군은 아타우알파 왕을 이용하여 제국을 무너뜨렸다.

이런 결과가 어떻게 가능했는가? 잉카 전령의 잘못된 보고가 그 발단이었다. 전령은 항해에 지친 168명의 스페인 군대가 카하마르카에 도착하는 것을 보았다. 숫자도 얼마 되지 않았고, 무기도 별 것 없어 보였다. 전령은 왕에게 200명 정도의 잉카 용사면 충분히 이길 수 있다고 보고했다고 한다. 그들은 스스로 강하다고 생각했던 것이다. 게다가 적은 대단히 약하다고 여겼다. 따라서 적이 가까이 와도 공격하지 않았다. 그러나 적은 생각보다 강했고, 자신들은 생각보다 약했다. 스페인의 공격이 시작되자, 그 많은 군대가 공포심에 흩어지기부터 하고 말았다. 참혹한 패배를 당했던 것이다.

만약 잉카 군대가 자만심에 취하지 않고 철저한 대비를 했다면 어땠을까? 스페인 군대가 놀라운 무기를 가지고 있고 수는 적어도 대단한 전략과 지혜를 갖추고 있었다는 것을 알고 대비했다면 어땠을까? 자신들의 부족함을 알고 대비하여, 전략을 짜고 지형에 대한 지식을 이용해 그들을 끌어들여 기습적으로 공격했거나, 특수 요원들을 통해 무기를 빼앗고 대규모 인력으로 백병전을 펼쳤다면 어땠을까? 그리고 첫 전쟁에서 패했다 하더라도 적이 고작 168명이니, 7만

명 정도의 군대가 다시 모여 전략을 짜고 대항했다면 어땠을까? 잉카 군은 처음부터 전략이 없었다. 스페인 장군의 말을 믿고 속아 계속해서 패할 수밖에 없었다.

생각보다 강한 적 : 사탄

잉카의 실패 원인은 생각보다 적이 강하다는 사실을 인지하지 못한데 있다. 전쟁에서 적이 강하다는 사실을 알지 못하고 적의 전략과 무기를 알지 못하면 패할 수밖에 없다. 우리가 잉카의 패배를 영적으로 적용해 보면, 인류를 타락의 길로 유혹하고 하나님을 대적하는 사탄이 생각보다 강하다는 사실을 깨닫는 것이 정말 중요하다는 것을 알 수 있다.

사탄은 하나님의 통치 안에서 하나님나라를 누리며 살아가고 있던 인간을 유혹했다. 인간 내면에 하나님처럼 되고자 하는 욕망을 불어 넣었으며, 뱀을 이용해 인간을 교묘하게 유혹했다. 사탄은 인간으로 하여금 처음부터 하나님나라를 대적하게 했으며 사탄의 왕국의 포로가 되게 만들었다. 사탄의 포로가 된 인류는 창조주 하나님을 부인하며, 부모를 잊고 살아가는 자녀처럼 패륜적 삶을 살아가게 되었다. 하나님을 대적하며, 동료 인간들을 미워하며, 사실상 모두가 멸망하는 방식으로 삶을 살아가게 되었다. 하나님께서 심히 좋았다고 고백한 창조세계가 사탄의 침략에 패배한 인간에 의해 왜곡되고 뒤틀리며 하나님의 심판을 받을 지경에 이른 것이다.

여호와께서 사람의 죄악이 세상에 가득함과 그의 마음으로 생각하는 모든
계획이 항상 악할 뿐임을 보시고 땅 위에 사람 지으셨음을 한탄하사 마음
에 근심하시고 이르시되 내가 창조한 사람을 내가 지면에서 쓸어버리되 사
람으로부터 가축과 기는 것과 공중의 새까지 그리하리니 이는 내가 그것들
을 지었음을 한탄함이니라 하시니라 _창 6:5-7

지금도 하나님나라를 대적하고 인간을 유혹하여 자신의 포로로
삼아 온갖 악을 일삼게 만드는 사탄은 생각보다 강한 적이다. 사탄은
눈에 보이지 않고 아무 일을 하지 않는 것처럼 보이지만 강력하게 역
사하고 있다. 사탄은 모든 인류가 자신을 창조하신 하나님을 부인하
고, 각종 우상을 숭배하며 욕망 가운데 살아가도록 만들었다.

창세로부터 그의 보이지 아니하는 것들 곧 그의 영원하신 능력과 신성이
그가 만드신 만물에 분명히 보여 알려졌나니 ... 하나님을 알되 하나님을
영화롭게도 아니하며 감사하지도 아니하고 오히려 그 생각이 허망하여지
며 미련한 마음이 어두워졌나니 스스로 지혜 있다 하나 어리석게 되어 썩
어지지 아니하는 하나님의 영광을 썩어질 사람과 새와 짐승과 기어다니는
동물 모양의 우상으로 바꾸었느니라 _롬 1:20-23

얼마나 강력한가? 사탄은 또한 인류가 하나님을 버리고 수많은
악행을 저지르면서도 회개하지 않고 자신들의 죄악을 정당화하도록
만들었다.

곧 모든 불의, 추악, 탐욕, 악의가 가득한 자요 시기, 살인, 분쟁, 사기, 악
독이 가득한 자요 수군수군하는 자요 비방하는 자요 하나님께서 미워하시
는 자요 능욕하는 자요 교만한 자요 자랑하는 자요 악을 도모하는 자요 부
모를 거역하는 자요 우매한 자요 배약하는 자요 무정한 자요 무자비한 자
라 그들이 이같은 일을 행하는 자는 사형에 해당한다고 하나님께서 정하
심을 알고도 자기들만 행할 뿐 아니라 또한 그런 일을 행하는 자들을 옳다
하느니라 _롬 1:29-32

사탄은 강력한 힘을 가지고 있다. 다윗을 성적인 유혹으로 넘어
뜨렸고, 아나니아와 삽비라를 돈으로 넘어뜨렸다. 지금도 우리 모두
를 물질의 노예가 되게 만들고 있다. 자신을 위해서는 사치를 두려워
하지 않으면서 이웃을 위해서는 작은 도움도 아까워하는 비참한 상
태로 우리 마음을 완악하게 한다. 쾌락을 위해서는 온갖 노력을 기울
이게 하고, 섬김을 위해서는 각종 핑계를 만들게 한다. 교회의 지도
자들까지 성과 물질과 권력의 노예가 되도록 유혹한다. 이렇게 사탄
은 강력한 힘으로 우리를 하나님나라로부터 추방하여, 의미 없고 불
행한 삶을 살아가게 한다.

생각보다 약한 나
생각보다 강한 적인 사탄에 비해, 우리는 생각보다 너무 연약하다. 우
리는 스스로 인생의 목적을 찾을 수 없어 허무함을 느껴 사탄이 기뻐

하는 방탕한 삶을 살아갈 수밖에 없다.

> 이제부터 너희는 이방인이 그 마음의 허망한 것으로 행함 같이 행하지 말
> 라 그들의 총명이 어두워지고 그들 가운데 있는 무지함과 그들의 마음
> 이 굳어짐으로 말미암아 하나님의 생명에서 떠나 있도다 그들이 감각 없
> 는 자가 되어 자신을 방탕에 방임하여 모든 더러운 것을 욕심으로 행하되
> _엡 4:17-19

우리는 스스로 미래를 대비할 수 없어 늘 염려와 근심 속에서 정
말 중요한 하나님의 생명을 놓치고 살아간다.

> 그러므로 내가 너희에게 이르노니 목숨을 위하여 무엇을 먹을까 무엇을 마
> 실까 몸을 위하여 무엇을 입을까 염려하지 말라 목숨이 음식보다 중하지
> 아니하며 몸이 의복보다 중하지 아니하냐 _마 6:25

우리는 예수를 믿은 후에도 여러 가지 죄의 유혹에 흔들린다. 그
러나 여기에 중요한 반전이 숨어 있다. 우리가 생각보다 약하다는 사
실을 깨닫는 것이다. 생각보다 약한 자신을 깨달은 사람은 어떻게 할
것인가? 하나님께 소망을 두게 될 것이다. 하나님을 의지하게 될 것
이다. 자신의 욕망을 알고 하나님 앞에 나가 자신을 내려놓을 것이
다. 자신의 무지함을 알고 주님께 지혜를 구할 것이다. 하나님의 통
치 앞에 무릎 꿇게 될 것이다.

시편 39편은 다윗의 시다. 다윗은 사탄의 유혹으로 뭔가 큰 죄에 빠지고 말았다.

> 내가 말하기를 나의 행위를 조심하여 내 혀로 범죄하지 아니하리니 악인
> 이 내 앞에 있을 때에 내가 내 입에 재갈을 먹이리라 하였도다 _시 39:1

그러나 그 결과 그는 중요한 사실을 알게 되었다. 바로 자신이 너무나 연약한 존재라는 것이다. 그는 다음과 같이 고백한다.

> 여호와여 나의 종말과 연한이 언제까지인지 알게 하사 내가 나의 연약함
> 을 알게 하소서 주께서 나의 날을 한 뼘 길이만큼 되게 하시매 나의 일생이
> 주 앞에는 없는 것 같사오니 사람은 그가 든든히 서 있는 때에도 진실로 모
> 두가 허사뿐이니이다 _시 39:4-5

그는 주님을 바라게 되었다. 주님께 의지하게 되었다.

> 주여 이제 내가 무엇을 바라리요 나의 소망은 주께 있나이다 _시 39:7

그가 주님을 의지하게 되었다는 것은 무엇을 말하는가? 자신이 늘 죄의 유혹에 넘어질 수밖에 없음을 깨달았다는 것이다. 그는 주님의 통치를 고대한다. 그는 늘 주님 앞에 나가 자신의 문제를 고백하게 되었다. 하나님께서 자신의 말과 행위의 주인이 되고, 자신의 모

든 결정에 개입하실 것을 요청하게 되었다.

> 나를 모든 죄에서 건지시며 우매한 자에게서 욕을 당하지 아니하게 하소
> 서 _시 39:8

그의 삶은 어떻게 되었을까? 그는 완전할 수는 없었겠지만, 하나님의 통치 안에서 사탄을 이기는 삶을 살아갈 수 있었을 것이다.

우리는 다윗의 삶이 하나님나라를 성취하시려는 하나님의 계획에 순종한 아름다운 인생이었다는 것을 알고 있다. 그는 어떻게 승리하는 삶을 살았는가? 그가 강했는가? 아니다. 그도 우리와 마찬가지로 연약했다. 하지만 그는 자신이 얼마나 연약한 존재인지 알았으며, 사탄이 얼마나 강한지 깨달았다. 하나님이 자신을 다스리시지 않는다면, 하나님께서 잠시라도 개입하시지 않는다면, 그래서 사탄에게 틈을 준다면 자신의 삶이 비참해질 것이라는 사실을 절실히 깨닫고, 늘 하나님의 통치를 고대했기에 승리하는 삶을 살았던 것이다. 그의 삶을 통해 하나님나라가 성취되며, 그가 다스리는 나라가 평강을 누렸던 것이다.

자신의 약함을 고백하고 주님의 통치 아래 거하자
사탄이 강하고 우리가 약하기 때문에 우리가 패배하는 것이 아니다. 사탄이 강하다는 사실을 깨닫고 우리가 약하다는 것을 깨닫는다면

우리는 하나님의 통치 안에 거하게 되며, 하나님과 함께 하는 우리는 생각보다 강력한 하나님의 도구가 된다. 그러므로 다 함께 우리의 약함을 고백하자.

우리가 예배를 드리며 받은 은혜가 교회 밖에서 금세 의미를 잃어버리지 않는가? 우리의 거룩한 결심이 며칠을 넘기기 어렵지 않은가? 우리는 주님이 주신 길을 걸어가면서도 어느새 성실함에서 벗어나지 않는가? 우리의 생각이 늘 왜곡되어 자기 연민으로 향하며 이웃에게 책임을 전가하지 않는가? 우리의 마음은 늘 욕망으로 가득차서, 건드리기만 하면 욕망이 쏟아져 우리의 시간과 물질을 낭비하지 않는가? 우리의 삶이 늘 자신을 위해 분주하고 이기적인 욕망을 채우기에 바쁘지 않은가? 우리는 이렇게 연약하다. 하지만 연약함을 인정하고 주님의 통치를 바라는 자들은 뜻밖에 하나님나라의 도구가 되어 세상을 바꾸는 하나님의 무기가 된다.

사도 바울은 자신이 만삭되지 못하여 난 자와 같다고 고백했다. 하지만 아이러니하게도 이 세상 누가 만삭되지 못하여 난 자와 같다고 고백한 바울과 견줄 수 있는가?

자신의 약함을 고백하고 주님의 통치 아래 거하자. 주님의 통치 아래로 가는 길은 십자가에 나를 못 박는 것이다. 나를 십자가에 못 박기 위해서는 나의 자아가 통치하는 삶이 얼마나 실패로 가득할 수밖에 없는지 깨달아야 한다. 자신의 욕망을 따라 살아가는 삶이 얼마나 불행하고 허망한지 절감해야 한다. 그리고 동시에 내가 스스로 주권을 내어 던지고 주님의 말씀의 통치를 따라 살아가기로 결단한다면, 얼마나 아름다운 삶이 주어질 것인지 믿어야 한다.

바울은 복음의 신비를 깨닫고, 기꺼이 십자가에 자신을 못 박았다. 그는 자신의 과거의 삶이 얼마나 비참하고 허망한지를 깨달았다. 그러므로 십자가에 자신을 못 박을 수 있었다. 그는 주님께서 자신을 다스리는 삶이 얼마나 풍성한지를 믿었다. 그러므로 주님을 주인으로 모셨다.

이는 내게 사는 것이 그리스도니 죽는 것도 유익함이라 _빌 1:21

주님께 소망을 둔다는 것은 내 소원을 주님께서 이루어 주시리라 믿는 개인적 확신이 아니다. 십자가에 나를 못 박고, 하나님의 통치를 따르는 것이다. 그것이 어떻게 가능한가? 내가 죄로 가득한 연약한 존재이며, 나 스스로를 이끌 수 없다는 것을 자각하기 때문이다. 나를 십자가에 못 박으면 새로운 삶이 주어진다. 이것이 기독교의 신비다.

하나님께서 약속하신 승리

우리는 연약하지만, 우리가 주님을 모시고 살아가면 성령의 능력으로 죄의 유혹에 너덜너덜해진 우리의 죄악 가득한 인생이 하나님의 생명이 흘러넘치는 삶으로 변화된다.

예수를 죽은 자 가운데서 살리신 이의 영이 너희 안에 거하시면 그리스도 예수를 죽은 자 가운데서 살리신 이가 너희 안에 거하시는 그의 영으로 말미암아 너희 죽을 몸도 살리시리라 그러므로 형제들아 우리가 빚진 자로되 육신에게 져서 육신대로 살 것이 아니니라 너희가 육신대로 살면 반드시 죽을 것이로되 영으로써 몸의 행실을 죽이면 살리니 무릇 하나님의 영으로 인도함을 받는 사람은 곧 하나님의 아들이라 _롬 8:11-14

이것이 하나님께서 약속하신 승리의 삶이다. 자신의 육체가 얼마나 연약한지 깨닫고 하나님의 다스리심을 고대하면, 성령께서 인도하심으로 육신에게 져서 육신대로 살아가지 않도록 우리를 도우신다. 우리를 통해 놀라운 성령의 열매들이 맺힌다.

미움으로 가득한 우리에게 사랑의 열매가 맺히고, 슬픔으로 가득한 우리에게 희락의 열매가 맺힌다. 늘 전쟁으로 점철된 우리의 관계들에 화평의 열매가 맺힌다. 조급하고 인내하지 못하는 우리에게 오래 참음의 열매가 맺힌다. 인색하고 이기적인 마음에 자비의 열매가 맺힌다. 늘 악하고 부정한 우리의 마음에 양선의 열매가 맺힌다. 늘 신실하지 못하고 변덕스러운 우리의 삶에 충성의 열매가 맺힌다. 자신을 지키려고 분노와 공격성으로 가득한 우리의 마음에 온유의 열매가 맺힌다. 모든 일에 치우치고 과하기 쉬운 우리의 연약함에 절제의 열매가 맺힌다. 하나님의 통치를 고대하는 자는 성령께서 이러한 열매를 맺게 하신다. 이러한 성령의 열매는 개인의 삶을 풍성하게 할 뿐 아니라, 천하 만민에게 복을 주시려는 하나님의 계획을 성취하는 놀라운 삶을 가정과 이웃과 세상 속에서 이루어 주신다.

지피지기면 백전백승이라는 말이 있다. 영적으로 적용하자면, 생각보다 강한 적을 알고 생각보다 약한 나를 알면, 하나님께 나아가 그의 선하신 통치에 순종하게 되고 성령의 역사로 놀라운 승리의 삶을 살아갈 수 있다는 말이다. 우리 모두 자신의 연약함을 고백함으로 하나님의 능력으로 충만해져서 하나님께서 계획하신 목적대로 흔들리지 않고 살아감으로 하나님께 영광을 돌리는 풍성한 삶, 곧 하나님 나라의 풍성한 삶을 누리고 전하자.

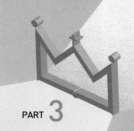

PART 3

불편한 세상이
반가운 공동체가 된다

두려움에서 벗어나
그의 나라와 의를 구하라

변화의 가속화와 두려움의 증폭

한국의 산업화를 주도했던 세대는 평생직장 개념을 가지고 살았다. 대략 20~25세 정도까지 공부를 하거나 재능을 갈고 닦아 미래를 준비하면 그 지식과 기술로 평생을 큰 문제없이 살아갈 수 있었다. 성실하게 직장을 다니면 돈 벌고 집을 장만하고, 자녀들 교육을 시키고, 어른으로 존경을 받으며 살 수 있었다. 하지만 시대가 달라졌다. 20세기 후반에 인터넷이 발전하면서 세상이 너무나 빠르게 변하고 있다. 특히 지식의 증가 속도가 빨라지면서 현대인은 뒤쳐지지 않기 위해 끊임없이 지식을 습득해야 하는 상황에 놓였다.

미래학자 버크민스터 풀러는 우리가 처한 현실을 정확히 보여준다. 그의 지식 배가 곡선에 의하면 19세기까지 인류의 지식이 두 배가 되는 데 대략 100년이 걸렸다고 한다. 평균 수명이 60세도 안 되던 시절의 한 세대를 30년으로 잡는다면, 한 사람이 어린 시절 사회의 지식을 대략적으로 습득하면 평생 지식인으로 살아가는 데 문제가 없었다는 것이다. 20세기 중반에 이르러선 인류의 지식이 두 배가 되는 데 걸리는 시간이 25년 정도로 짧아졌다고 한다. 이때까지만 해도 어린 시절에 습득한 지식으로 한 세대 정도는 버틸 수 있었다는 것이다. 사람이 사회생활을 왕성하게 하는 기간을 30년 정도로 산정한다면, 이미 가진 지식으로 미래를 위한 선택과 결정을 해도 큰 무리가 없었을 것이다.

하지만 버크민스터 풀러는 심각한 통계를 제시한다. 21세기는 13개월마다 인류 전체 지식의 총량이 두 배가 되고 있다는 것이다. 몇 년 정도 지난 연구 결과는 의미를 잃어버린다는 뜻이다. 특히 사회 트렌드와 관련된 지식들은 1,2년만 지나도 폐기처분되는 것이다. 믿을 수 있을지 모르겠지만, 2030년이 되면 3일마다 지식의 총량이 두 배가 될 것이라고 한다. IBM에 의하면 사물 인터넷이 실현될 경우 인류의 지식은 12시간마다 두 배가 될 것이라는 충격적인 보고도 나오고 있다. 우리는 매일 과거의 지식을 폐기하고, 새로운 지식을 습득해야 하는 시대를 살게 될지도 모른다.

이미 나타나고 있는 현상은, 지식의 양이 많아지면서 개인이 연구할 수 있는 지식이 매우 세분화되고 있다는 것이다. 개인은 자기 분야에서 사회 변화에 맞추어 생존하기 위해 너무나 많은 에너지를 쏟아야 한다. 변화에 대처하지 못해 낙오하는 사람들도 많이 생긴다. 변화에 대처하는 소수가 큰 성공을 거두는 사이, 많은 사람들은 실패의 나락으로 추락한다. 우리는 어떻게 살아가야 하는가? 지금은 그렇다 치고, 미래에는 어떻게 해야 하는가?

우리 모두는 빠르게 변화하는 사회 속에서 심각한 두려움을 느끼며 살아간다. 새로운 지식을 습득하고 지식 노동자로 살아가기 위해 인격이 성숙할 기회를 잃고 있으며, 가정이나 인간관계를 위한 여유는 점점 부족해지고 있다. 사회 변화를 연구하여 종합적 판단을 하기가 더욱 어려워지고 있다. 우리는 생존하기 위해 끊임없이 노력하지만, 인격적인 파탄과 가정의 붕괴, 관계의 단절, 스트레스와 두려움 속에서 살아가게 되었다.

우리가 잘 느끼지 못하고 있지만, 사람은 두려움이 커지면 극단적으로 이기적이 된다. 현대 사회가 이미 얼마나 이기적이 되어가고 있는가? 두려움에서 촉발되는 강력한 생존본능이 각자를 이기적으로 만든다. 그래서 이 사회는 더욱 살기 힘들고 세상이 각박해지고 있다. 우리에게 하나님의 진정한 지혜가 필요한 때다.

보물을 땅에 쌓아 두지 말라? 염려하지 말라?

이런 시기에 우리는 산상수훈에 집중해야 한다. 산상수훈은 하나님나라를 선포하신 예수님께서 하나님나라를 누리며 살아가기 위한 비결을 주신 말씀이기 때문이다. 2000년 전에나 진리라고? 아니다. 하나님나라는 어느 시대나 누구에게나 필요한 것이다. 그 나라가 구원을 받은 하나님의 백성에게 주어질 현세와 내세의 복이라고 믿는다면, 예수님께서 주신 말씀은 지금 우리에게도 진리다.

그런데 예수님의 말씀이 조금 생뚱맞다. 예수님은 변화되는 사회에 대처하기 위해 이른바 리스크 관리 차원으로 미래를 대비하며, 각종 위험 인자를 줄이기 위해 힘써야 하는 우리에게 보물을 쌓아두지 말라고 하신다.

너희를 위하여 보물을 땅에 쌓아 두지 말라 _마 6:19a

아니, 아예 염려를 하지 말라고 하신다.

그러므로 내가 너희에게 이르노니 목숨을 위하여 무엇을 먹을까 무엇을 마실까 몸을 위하여 무엇을 입을까 염려하지 말라 _마 6:25a

시대착오적인 말씀이 아닌가? 현실적으로 두려움이 가중되는 시대다. 리스크를 줄이기 위해 무엇이든 쌓아놓고 대비해야 하는 시기에 이 말씀은 상황과 맞지 않는 것처럼 보인다.

그러나 예수님의 말씀에는 분명한 근거가 있다. 우리가 두려움과 염려 속에서 물질의 노예가 되어 살아간다면, 좀 표현이 과격하지만, 돈을 중요하게 여김으로 돈에 의해 선택하고 판단하는 사람이 된다면, 우리에게 발생할 심각한 문제를 예수님은 네 가지로 지적하신다.

1) 물질을 잃어버리게 될 것이다.

첫째, 예수님은 보물을 땅에 쌓아 두지 말라는 명령의 근거로 좀과 동록이 해하며 도둑질을 당하게 될 것이라고 말씀하신다.

> 너희를 위하여 보물을 땅에 쌓아 두지 말라 거기는 좀과 동록이 해하며 도둑이 구멍을 뚫고 도둑질하느니라 _마 6:19

물질을 위해 살아가는데, 그것을 잃어버리게 된다는 것은 심각한 문제다. 물질을 쌓아 두려 하면 우리 안에 욕심이 생긴다. 욕심은 판단력을 흐리게 만들어 사기와 같은 유혹에 쉽게 넘어가게 만든다. 욕심은 물질을 위해 무리한 투기를 하게 만들어 많은 시간 힘들여 모은 물질을 날리게 만든다. 이뿐 아니다. 물질을 쌓아두면 이웃과 나누기보다 살아가는 데 꼭 필요하지 않은 소비에 대한 욕구가 늘어난다. 명품과 사치를 위한 소비가 불황에도 불구하고 날이 갈수록 늘어나고 있다는 현상을 주목해보라.

또한 물질에 대한 욕심이 커지면 스트레스가 증가한다. 스트레스가 증가하면 스트레스로 인한 다양한 비용이 발생한다. 요즘 신조어 중에 '시발비용'이라는 단어가 있다. 네이버 지식백과는 이 말이 비속어인 '시발'과 '비용'을 합친 단어로 '스트레스를 받지 않았으면 발생하지 않았을 비용'을 뜻하는 신조어라고 소개한다. 물질을 위해 과도하게 주식 투자에 몰두하거나, 물질을 위해 영업 스트레스를 받게 될 때 시발비용이 발생할 수 있어 오히려 물질을 낭비하게 된다는 것이다. 이 땅에 좀과 동록이 해하고 도둑이 구멍을 뚫고 도적질한다는 예수님의 말씀이 이 시대에도 얼마나 적절한 지적인지 감탄하지 않을 수 없다.

2) 마음을 빼앗겨 하나님을 섬기지 못하게 될 것이다.
둘째, 예수님은 우리가 두려움과 염려 속에서 물질을 쌓아두면 마음을 빼앗겨 하나님을 섬기지 못하게 될 것이라고 말씀하신다.

> 네 보물 있는 그 곳에는 네 마음도 있느니라 눈은 몸의 등불이니 그러므로 네 눈이 성하면 온 몸이 밝을 것이요 눈이 나쁘면 온 몸이 어두울 것이니 그러므로 네게 있는 빛이 어두우면 그 어둠이 얼마나 더하겠느냐 한 사람이 두 주인을 섬기지 못할 것이니 혹 이를 미워하고 저를 사랑하거나 혹 이를 중히 여기고 저를 경히 여김이라 너희가 하나님과 재물을 겸하여 섬기지 못하느니라 _마 6:21-24

물질은 우리의 마음을 빼앗고, 하나님의 자리를 빼앗는다.
우리가 하나님과 멀어지는 경우의 대부분은 하나님을 미워하거나 안 믿기로 결단해서가 아니다. 대부분 물질과 안정과 성공과 쾌락 같은 것에 미혹되어 마음을 빼앗겨 하나님과 멀어지게 되는 것이다. 세상 것들에 마음을 빼앗기면 나도 모르는 사이에 하나님과의 교제가 끊어지고 하나님의 통치를 따라 살아가지 못하게 된다. 우리가 하나님의 통치를 따라 살아가지 못하면 하나님의 복을 누릴 수 없으니, 두려움과 염려 속에서 물질에 마음을 빼앗기는 것이 결국 우리를 불행에 빠트리는 것이다. 두려움과 염려에 마음을 빼앗겼다면 예수님의 제자들은 예수님을 따르지 못했을 것이다. 사도 바울도 온 이방인을 위한 놀라운 선교의 도구가 되지 못했을 것이다. 그러면 그들의 인생은 두려움과 염려 속에서 먹고 살기에 급급하다가 죽는 삶이 되었을 것이다.

물질에 마음을 빼앗기면 이웃을 사랑할 수 없다. 우리는 하나님을 사랑하고 이웃을 사랑해야 하나님께서 주시는 풍요로운 삶을 살아갈 수 있다. 결국 미래를 대비하여 과도한 물질을 쌓아두는 것에 집착하는 것은 지혜롭지 못한 일이다. 우리를 하나님과 멀어지게 하고 하나님의 복을 누리지 못하게 만들기 때문이다.

구원은 하나님나라를 누리는 것이다. 그런데 예수를 믿으면서도 물질의 노예가 되면 하나님나라를 누릴 수 없으니 얼마나 안타까운가?

3) 더 중요한 것을 잃을 것이다.

셋째, 예수님께서 두려움과 염려 속에서 물질을 쌓아두지 말라고 하시는 이유는 더 중요한 것을 잃어버리게 될 것이기 때문이다.

> 그러므로 내가 너희에게 이르노니 목숨을 위하여 무엇을 먹을까 무엇을 마실까 몸을 위하여 무엇을 입을까 염려하지 말라 목숨이 음식보다 중하지 아니하며 몸이 의복보다 중하지 아니하냐 공중의 새를 보라 심지도 않고

거두지도 않고 창고에 모아들이지도 아니하되 너희 하늘 아버지께서 기르
시나니 너희는 이것들보다 귀하지 아니하냐 _마 6:25-26

우리의 인생에 정말 중요한 것은 물질이 아니다. 물질은 우리가
살아가기 위해 적절하게 필요한 수단일 뿐이다. 하지만 두려움과 염
려는 우리에게 물질에 대한 과도한 집착을 심는다.

인생에 대해 생각해 보자. 인생에는 물질보다 훨씬 중요한 것들
이 있다. 돈으로 살 수 없는 가정, 사랑, 우정, 공동체, 명예 등이다.
하지만 이것보다 더 중요한 것들이 있다. 하나님의 계획, 사명, 인생
의 의미와 가치 같은 것들이다. 이런 것들은 돈으로 살 수 없을 뿐만
아니라 어떤 노력으로도 얻기 힘들다. 오직 하나님과의 관계 속에서
만 주어질 수 있다.

물질에 대한 집착은 이 모든 것을 빼앗는다. 물질에 대한 집착으
로 가정, 사랑, 우정, 공동체, 명예가 깨지는 것을 얼마나 많이 경험
하는가? 물질에 대한 집착으로 사명과 인생의 의미와 가치는 아예 생
각하지도 못하며 죽어가는 사람이 얼마나 많은가? 우리가 그렇게 된
다면 얼마나 불행한가?

물질과 안정에 대한 집착은 신실한 그리스도인들 안에도 작동하
여 말씀 속에서 하나님의 계획과 우리의 사명을 발견하고도 실행하
지 못하게 만든다. 우리가 인생에 참다운 가치를 주는 하나님의 계획
과 우리에게 적용된 비전과 사명을 깨닫고도 물질에 대한 집착 때문
에 사명을 실행하지 못한다면, 우리는 모든 것을 잃어버리는 것이다.

우리 인생은 아무 의미와 가치를 갖지 못하게 된다.

4) 원하는 것을 얻을 수도 없을 것이다.

두려움과 염려 속에서 물질을 쌓아두는 삶을 중단하라고 명령하시는 예수님의 넷째 이유는, 우리가 두려움과 염려 속에서 노력한다고 해도 원하는 것을 얻을 수 없기 때문이다.

> 너희 중에 누가 염려함으로 그 키를 한 자라도 더할 수 있겠느냐 또 너희
> 가 어찌 의복을 위하여 염려하느냐 들의 백합화가 어떻게 자라는가 생각
> 하여 보라 수고도 아니하고 길쌈도 아니하느니라 그러나 내가 너희에게
> 말하노니 솔로몬의 모든 영광으로도 입은 것이 이 꽃 하나만 같지 못하였
> 느니라 _마 6:27-29

염려함으로 키를 크게 할 수 있는가? 강력한 도전이다. 예수님은 백합화의 아름다움이 자신의 염려나 노력을 통해서 나온 것이 아님에도 불구하고 솔로몬의 모든 영광보다 더 낫다고 말씀하신다. 사실 정말 중요한 것, 정말 가치 있는 것은 우리가 염려한다고 주어지는 것이 아니다. 돈돈돈 한다고 돈이 주어지는가? 대학대학대학 한다고 좋은 대학에 가게 되는가? 가정가정가정 한다고 행복한 가정이 주어지는가? 사실 이 모든 것은 하나님의 섭리를 통해 주어지는 것이다.

인생의 참된 복은 오로지 하나님께로만 올 수 있다. 우리의 염려를 따라 물질을 쌓아놓는 것은 참으로 어리석은 짓이다. 도둑질당할

것이며, 마음을 빼앗아 하나님의 복을 얻지 못하게 만들 것이며, 인생에서 정말 중요한 것들을 얻지 못하게 할 것이며, 원하는 것을 얻지 못하는 헛수고가 되게 할 것이다.

두려움에서 벗어나 그의 나라와 의를 구하라

예수님께서 말씀을 마무리하신다. 문제는 우리에게 하나님을 향한 믿음, 즉 신뢰가 없는 것이다.

> 오늘 있다가 내일 아궁이에 던져지는 들풀도 하나님이 이렇게 입히시거든 하물며 너희일까보냐 믿음이 작은 자들아 _마 6:30

사실 우리는 사회가 변화되고 미래가 두려워서 물질에 목을 매는 것이 아니다. 사회는 늘 변화되었고, 우리를 두렵게 하는 요인들은 늘 있어왔다. 우리가 염려 속에서 물질에 집착하게 되는 것은 예나 지금이나 하나님에 대한 불신 때문이다.

하나님은 우리의 창조주이시다. 우리의 아버지이시다. 예수님이 모든 것을 갖추셔서 염려하지 않으신 것이 아니다. 아버지를 신뢰하시기 때문이었다. 예수님은 두려움이 없어 십자가에 자신을 던진 것이 아니다. 살리실 하나님을 믿으셨기 때문이다. 그 예수님께서 이렇게 일갈하신다.

그러므로 염려하여 이르기를 무엇을 먹을까 무엇을 마실까 무엇을 입을까 하지 말라 이는 다 이방인들이 구하는 것이라 너희 하늘 아버지께서 이 모든 것이 너희에게 있어야 할 줄을 아시느니라 _마 6:31-32

염려하지 말라. 염려는 하나님을 모르는 자들이 하는 것이다. 하늘 아버지께서는 물질이든 건강이든 그 무엇이든 우리에게 있어야 할 줄을 아신다. 그 하나님을 신뢰하면 놀라운 일이 생긴다.

모두가 본받아야 할 지혜

최근에 몽골국제대학교 권오문 총장님을 만났다. 대학을 졸업하자마자 20대 중반에 몽골 선교사로 헌신하여 교회와 학교를 세우고, 외국인으로서 몽골에서 국제대학교까지 세운 그 분의 이야기를 들으면서 한 가지 교훈이 마음에 남는다. 하나님께서 먹이고 입히고 거주하게 하실 것이라는 신뢰, 곧 하나님께서 계획하시고 가게 하신다면 하나님께서 필요한 것을 주실 것이라는 믿음이었다. 실제로 그렇게 살아오신 그 분의 신뢰야말로 이 시대 모든 사람들이 본받아야 할 진정한 지혜다.

하나님을 향한 신뢰는 우리가 무엇을 먹을까 마실까 입을까 염려하지 않고, 하나님나라와 의를 구하며 살아가게 하신다. 염려하면 하나님나라와 의를 구하며 살지 못하고, 인생의 의미와 가치도 잃어버리고, 하나님나라도 누리지 못한다. 하지만 하나님을 신뢰하면 그분의 말씀의 통치에 순종하게 된다. 성령의 인도하심을 따라 발걸음을 옮기게 된다. 그 결과 이 모든 것을 주시는 복을 경험하게 하신다.

> 그런즉 너희는 먼저 그의 나라와 그의 의를 구하라 그리하면 이 모든 것을
> 너희에게 더하시리라 _마 6:33

우리의 마음을 빼앗고 염려하게 만드는 것은 무엇인가? 두려움과 염려 속에서 미래를 예측하고 물질을 쌓아놓는 것은 가짜 지혜다. 결국 자신을 파멸에 몰아넣고 정말 중요한 것을 다 잃게 만드는 미련한 지혜다.

우리가 진정으로 염려해야 할 것은 무엇인가? 나를 통해 하나님 나라가 이루어지느냐 여부이다. 하나님의 계획이 나를 통해 이루어지지 않는 것을 염려하자. 나를 통해 하나님나라와 그의 의가 어떻게 이루어질 것인지를 염려하자. 그러면 의미있고 가치있는 인생이 될 뿐 아니라 필요한 모든 것을 공급하시는 하나님을 증거하게 될 것이다.

열두 번째 킹덤설교

인간관계 속의 하나님나라

관계가 중요하다

인터넷에 다음과 같은 설문 조사가 있어 소개한다. 한 취업사이트가 직장인 448명을 대상으로 "직장생활을 하면서 화병을 앓은 적이 있는가?"라는 설문조사를 했다. 90.2%가 '있다'고 답했는데, 화병이 생긴 이유로 무려 63.8%가 '인간관계에 대한 갈등'을 들었다. 직장생활의 최대 스트레스가 '과다한 업무량과 업무 성과에 따른 스트레스'(24.9%)가 아니라 '사람 사이의 불편한 관계'에서 온다는 것이다. 이 설문조사 결과는 그렇게 새로운 내용이 아니다. 사람들이 주로 관계에서 가장 큰 스트레스를 받고 힘들어하기 때문이다.

사람들은 왜 업무나 성과보다 관계에서 가장 큰 스트레스를 받을까? 그것은 사람들이 무엇보다 관계를 중요하게 여기기 때문이고, 관계에 성공하는 것이 너무 어려운 데 비해 관계의 훈련이 충분히 되어 있지 않기 때문일 것이다. 관계는 사실 인생에서 가장 기본적인 것이며 가장 중요한 것이다. 어떤 모임, 어떤 직장, 어떤 공동체, 어떤 학교가 좋다는 것은 대부분 그 안에서 서로가 맺고 있는 관계가 좋다는 것을 의미한다. 관계가 좋다는 것은 단순히 인맥이 좋거나 사회생활을 잘 한다는 의미만이 아니다. 우리는 종종 인맥이 좋고 사회생활을 잘 하는 사람들이 대단히 위선적인 관계를 맺고 있는 것을 보기도 한다.

관계가 좋다는 것은 서로 사랑하면서 사랑을 표현하고, 사랑을 주고받는 데 익숙하게 되는 것을 의미한다. 관계가 좋으면 같은 조건에서도 더 행복한 삶을 살게 되고, 상대적으로 건강한 삶을 살아가게 된다.

미국 미시간주립대학교 사회학과 연구팀이 부부관계와 관련하여 흥미로운 연구결과를 발표했다. 57-85세 연령대, 결혼한 지 5년 이상 된 부부 1228명을 분석한 결과, 잔소리를 많이 듣는 남성의 경우 당뇨병 진행이 낮아진다는 것을 밝혀냈다. 왜 그럴까? 아내의 잔소리는 남성의 사회생활이 줄어드는 60세 가까운 시점에서 부부 사이의 보살핌의 관계를 인지하게 하는 역할을 하기 때문이다.

반면 여성들은 만족스러운 결혼생활에서 스스로 그들의 건강을 지키는 것으로 나타났다. 아내의 건강이 결혼생활의 만족에서 오는 까닭은 남편과 나누는 사랑 안에서 느끼는 친밀함이 모든 스트레스와 질병의 요인을 줄이기 때문이다. 관계에서 불행한 사람은 결코 행복할 수 없다. 관계는 너무나 중요하다.

관계수업이 중요하다

스탠포드 대학교 의과대학 심리행동과 교수 데이비드 번즈의 책《관계 수업》(Feeling Good Together)에 이런 구절이 나온다.

"우리는 자라면서 읽기, 쓰기, 셈하기를 배웠다. 그러나 인간관계에서 생기는 문제를 어떻게 풀어야 하는지, 서로 어떻게 소통하는지 가르쳐주는 수업은 전혀 받지 못했다."

우리는 관계에 대해 배워야 한다. 인맥을 쌓자는 것이 아니라, 서로 사랑하며 친밀하여 하나 되는 방법을 배워야 한다는 것이다.

관계에 대한 우리의 일상적인 처방은 이렇다. 일반적으로 우리는 자신에게는 문제가 없거나 적어도 상대방에게 더 문제가 많다고 생각하고, 상대방이 변하기를 기다린다. 하지만 번즈 교수는 말한다.

"마음속으로만 바라거나 상대방이 변하기만 기다려서는 관계가 바뀌지 않는다. 우리는 서로 독심술을 하지 못한다. 관계가 어떻게 판가름날지는 결국 자신에게 달려 있다."

인간관계의 갈등의 원인이 누구에게 있는지 객관적 평가를 하는 것보다 중요한 것은 관계의 문제를 해결하기 위한 열쇠가 나에게 있다는 사실을 인정하는 것이라고 번즈 교수는 강조한다.

우리의 불행은 근본적으로 관계에서 온다. 관계에 실패하는 인간은 뿌리가 없는 나무와 같다. 결국 말라서 죽을 수밖에 없다. 우리가 그리스도인이 되었다면 우리 자신이 관계의 측면에서 회복되어야 한다. 구원이 우리의 삶과 상관없이 내세에 좋은 곳을 가는 것으로 축소되어서는 안 된다. 예수 그리스도를 통한 하나님의 구원은 먼저 우리 삶에 가장 중요한 문제, 관계의 파괴로부터 우리를 구원하는 것이다. 관계의 파괴로부터의 구원은 우리의 삶을 회복할 뿐 아니라, 하나님의 구원이 필요한 세상 사람들과 선한 관계를 맺고 세상을 회복하는 놀라운 삶을 살아갈 수 있게 해 준다. 그리스도인은 하나님의 백성으로서 관계에서 하나님나라가 임하도록 기도하고, 자신을 훈련해야 한다.

관계적으로 창조된 인간

구원은 예수님을 믿어 내세의 천국에 가는 것보다, 깨어졌던 관계들이 먼저 회복되는 것이다.

> 그는 우리의 화평이신지라 둘로 하나를 만드사 원수 된 것 곧 중간에 막힌
> 담을 자기 육체로 허시고 _엡 2:14

구원은 하나님과 우리의 관계가 회복되는 것이며, 나아가 나와 너의 관계가 회복되는 것이다.

사람은 독자적으로 존재의 의미를 획득하지 못한다. 사람은 하나님의 피조물로 하나님과의 관계 속에서 창조되었다. 사람은 하나님과 정상적인 관계에 있어야 한다.

여호와 하나님이 그 사람을 이끌어 에덴동산에 두어 그것을 경작하며 지

키게 하시고 여호와 하나님이 그 사람에게 명하여 이르시되 동산 각종 나

무의 열매는 네가 임의로 먹되 선악을 알게 하는 나무의 열매는 먹지 말라

네가 먹는 날에는 반드시 죽으리라 하시니라 _창 2:15-17

하나님과의 정상적인 관계란 우리가 피조물로서 하나님의 명령에 순종하며 자신을 하나님의 복을 구하는 자로 인식하면서 존재하는 것이고, 하나님께서는 다스리시며 복을 주시는 왕으로서 존재하시는 상태이다. 이렇게 하나님과의 정상적인 관계 속에서 우리는 다른 사람들과도 정상적인 관계를 가질 수 있다.

여호와 하나님이 아담에게서 취하신 그 갈빗대로 여자를 만드시고 그를 아

담에게로 이끌어 오시니 아담이 이르되 이는 내 뼈 중의 뼈요 살 중의 살

이라 이것을 남자에게서 취하였은즉 여자라 부르리라 하니라 _창 2:22-23

아담은 하나님과 '창조주-피조물', '왕-백성'과의 관계에 있을 때 동료 인간과도 사랑하는 관계로 존재할 수 있었다. 인간은 하나님과 동료 인간들과의 관계 속에서 정체성을 찾고 행복을 느낀다. 나아가 그 관계 속에서 하나님나라를 누릴 수 있다.

하지만 우리는 하나님과 창조주-피조물, 왕-백성 관계를 깨트렸고 우리 스스로 왕이 되었다. 우리가 하나님의 말씀의 통치를 받으며 하나님에게 복을 받아 살아가는 것이 아니라, 하나님의 통치를 거부하고 나의 욕망에 따라 자신이 필요한 것을 빼앗으며 살아가게 되었

다. 따라서 동료 인간들과의 관계도 깨어지게 되었다. 욕망에 따라 자신이 필요한 것을 타자에게서 빼앗으며 살아가려는 사람들이 어떻게 평화로운 관계를 유지할 수 있겠는가? 서로 자신을 채워주길 바라면서 어떻게 서로 사랑할 수 있는가? 상대방을 통해 나를 채우려 하면서 어떻게 좋은 관계를 유지할 수 있는가? 하나님과의 바른 관계가 없으면 동료 인간과의 바른 관계도 불가능하다.

하나님과의 바른 관계 속에서 아담은 하와를 사랑했다. 하지만 하나님을 반역한 아담은 하와를 자신의 욕망을 위해 이용했다.

> 여자가 그 나무를 본즉 먹음직도 하고 보암직도 하고 지혜롭게 할 만큼 탐스럽기도 한 나무인지라 여자가 그 열매를 따먹고 자기와 함께 있는 남편에게도 주매 그도 먹은지라 … 아담이 이르되 하나님이 주셔서 나와 함께 있게 하신 여자 그가 그 나무 열매를 내게 주므로 내가 먹었나이다
>
> _창 3:6,12

모든 불행이 여기서 시작된다. 우리는 지금 모든 관계가 깨어진 시대에 살고 있다. 모든 것이 돈으로 환원되는 시대에 살고 있다. 모든 관계를 갑을관계로 정의하고, 사회를 갑을의 구조로 파악하는 세상에 살고 있다. 단순히 부모와 자식 사이라고 무조건 관계가 좋을 수 없다. 단순히 결혼을 했다고 관계가 좋을 수 없다. 함께 교회에 다닌다고 서로 사랑할 수 없다. 하물며 같은 직장에 다닌다고, 같은 학교에 다닌다고 관계가 좋을 수 없다. 오히려 모든 관계가 깨어져 있

다. 그 이유는 우리가 스스로 하나님과의 관계를 깨트림으로 하나님의 통치에서 벗어나 있기 때문이다.

관계 속의 하나님나라

하나님의 해결책은 우리가 예수를 주로 영접하는 것이다. 단순히 예수를 믿는다고 어떻게 우리의 관계의 문제가 해결되느냐고? 예수를 영접하면 하나님의 자녀가 된다. 하나님과 화평을 누리게 된다.

> 곧 우리가 원수 되었을 때에 그의 아들의 죽으심으로 말미암아 하나님과
> 화목하게 되었은즉 화목하게 된 자로서는 더욱 그의 살아나심으로 말미암
> 아 구원을 받을 것이니라 그뿐 아니라 이제 우리로 화목하게 하신 우리 주
> 예수 그리스도로 말미암아 하나님 안에서 또한 즐거워하느니라
>
> _롬 5:10-11

하나님과 화목하게 되었다는 것은 예수께서 우리의 반역의 죄를 대신 지시고 죽으심으로 우리가 예수를 믿게 되고, 하나님을 반역했던 상태에서 하나님을 다시 왕으로 인정하고 하나님의 말씀을 즐거워하며 순종하게 되었다는 것을 의미한다. 더 이상 자신의 욕망을 위해 살아가지 않고 하나님의 말씀을 따라 살아가게 되었다는 것이다. 반역에 의해 깨어졌던 창조주-피조물, 왕-백성의 관계가 회복된 것이다.

우리가 예수를 통해 하나님을 왕으로 모시게 되면 우리와 하나님과의 관계가 회복된다. 우리는 이제 하나님의 통치 속에서 하나님의 복을 공급받게 된다. 하나님과의 관계 속에서 정체성을 찾는다. 하나님과의 관계 속에서 평안과 기쁨을 누린다. 하나님과의 관계 속에서 모든 두려움을 이긴다. 우리가 더 이상 자신의 욕망대로 살아갈 필요가 없다. 하나님께서 인도하시는 인생의 길을 간다. 하나님께서 주시는 것에 만족하며 살아간다. 우리는 자신의 욕망대로 거짓말을 할 필요가 없다. 정직하게 살면 하나님께서 복을 주신다. 그러면 하나님의 말씀대로 이웃을 사랑할 수 있게 된다. 관계가 회복된다.

우리는 자신의 욕망을 위해 다른 사람의 것을 빼앗을 필요도 당연히 없다. 물질을 도둑질하고 간음하고 살인할 필요가 없다. 당연히 그러면 안 된다. 다른 사람의 것을 빼앗으면 하나님께서 복을 주실 수 없다. 하나님의 통치의 법을 지키면 하나님께서 복을 주신다. 예수를 믿으면 관계 속에 하나님나라가 성취된다. 여기에서 모든 관계가 회복된다. 삶에 놀라운 변화가 나타난다.

우리가 동료 인간들을 사랑하고 진정으로 아름다운 관계를 누리기 위해서는 먼저 예수의 십자가 은혜 안에 있어야 한다. 십자가의 은혜가 사라지면 언제 내 안에 있는 욕망의 가시들이 관계들을 망가트릴지 모른다. 하나님을 매사에 왕으로 인정하는 삶을 살아가야 한다. 말씀을 묵상하고 기도하며 예배에 성공해야 한다. 예배에 성공한 사람은 자신의 죄를 철저히 인정하고 겸손해진다. 십자가 앞에서 자신의 죄를 보게 되므로 다른 사람을 비난하지 않고 하나님 앞에서 자신의 죄가 얼마나 큰지 인식하게 된다. 자신이 하나님께 얼마나 반역적이었으며, 자신 때문에 얼마나 많은 동료 인간들이 다양한 방법으로 답답하고 힘들었을지 알게 된다. 십자가의 은혜 안에 머물면 자기만 바라보는 상태에서 다른 이들을 바라볼 수 있는 상태로 변화된다. 다른 사람들을 원망하는 마음이 사라진다. 자기의 유익을 따라 자기중심적으로 판단하는 상태에서 타인의 고충과 아픔을 이해하게 된다. 십자가에 은혜 안에서 우리는 자신의 죄를 인정하며 오직 하나님의 말씀을 소망하고 그 말씀대로 살아가려 힘쓰게 된다.

이렇게 변화된 남편은 아내와의 관계 속에서 하나님나라를 누리게 된다. 이렇게 변화된 부모는 자녀와의 관계 속에서 하나님나라를 누리게 된다. 이렇게 변화된 성도는 교회 공동체에서 하나님나라를 누리게 된다. 이렇게 변화된 그리스도인은 비록 어려움은 있겠지만, 이 세상 속에서 동료들에게 하나님나라를 소개하는 복음의 증인이 될 수 있을 것이다.

돕는 자로 창조된 우리의 사명 : 먼저 사랑

예수는 하늘 보좌를 버리고 이 세상에 오셔서 먼저 사랑을 보여주셨다. 십자가는 먼저 사랑하신 것이다.

> 우리가 아직 죄인 되었을 때에 그리스도께서 우리를 위하여 죽으심으로 하나님께서 우리에 대한 자기의 사랑을 확증하셨느니라 _롬 5:8

예수께서는 우리를 먼저 사랑하시고, 우리에게 사랑하라고 하신다. 실제로 예수님은 배신한 제자들을 끝까지 사랑하심으로 그들과 하나가 되셨다. 이것이 구약의 율법이고, 예수의 가르침이다.

> 예수께서 이르시되 네 마음을 다하고 목숨을 다하고 뜻을 다하여 주 너의 하나님을 사랑하라 하셨으니 이것이 크고 첫째 되는 계명이요 둘째도 그와 같으니 네 이웃을 네 자신과 같이 사랑하라 하셨으니 이 두 계명이 온 율법과 선지자의 강령이니라 _마 22:37-40

하나님과의 관계를 회복하여 하나님을 사랑하게 되면, 즉 하나님의 말씀을 순종하고 그분과 왕-백성 관계가 회복되면 동료 인간과의 관계도 회복된다. 우리가 관계 속에서 하나님나라를 체험하고, 내세의 하나님나라를 누리기 전에 이 세상에서 하나님나라를 먼저 맛보며, 다른 이들에게 우리의 경험을 증거할 수 있게 된다.

우리는 다른 사람들이 아니라 하나님과의 관계가 올바르지 못한 '나', 하나님의 통치보다는 자신의 판단을 우선시하는 나의 문제가 모든 관계의 근원이라는 것을 깨달아야 한다.

모름지기 먼저 사랑하지 않으면 성경적 사랑이 아니다. 나를 사랑하는 사람, 나에게 도움 되는 사람을 사랑하는 것은 욕망의 확장일 뿐이다. 관계의 회복을 가져다주지도 못한다. 나에게 도움을 청하는 불쌍한 사람만 돕는 것은 우리의 우월주의의 산물이며, 동정심의 만족에 머물고 만다.

또 네 이웃을 사랑하고 네 원수를 미워하라 하였다는 것을 너희가 들었으
나 나는 너희에게 이르노니 너희 원수를 사랑하며 너희를 박해하는 자를
위하여 기도하라 이같이 한즉 하늘에 계신 너희 아버지의 아들이 되리니
이는 하나님이 그 해를 악인과 선인에게 비추시며 비를 의로운 자와 불의
한 자에게 내려주심이라 너희가 너희를 사랑하는 자를 사랑하면 무슨 상
이 있으리요 세리도 이같이 하지 아니하느냐 또 너희가 너희 형제에게
만 문안하며 남보다 더하는 것이 무엇이냐 이방인들도 이같이 아니하느
냐 그러므로 하늘에 계신 너희 아버지의 온전하심과 같이 너희도 온전하
라 _마 5:43-48

우리는 다른 피조물을 돕기 위해 창조되었다.

여호와 하나님이 이르시되 사람이 혼자 사는 것이 좋지 아니하니 내가 그
를 위하여 돕는 배필을 지으리라 하시니라 _창 2:18

'돕는 배필'이란 '적합한 도우미'라는 뜻이다. 즉, 인간에 대한 하
나님의 창조 명령은 바로 다른 피조물을 위한 인간이 되는 것이다.
나는 홀로 살아갈 수 있는 능력이 없고, 내 이웃도 홀로 살아갈 능력
이 없다. 스스로의 힘으로 하나님과 이웃과의 관계없이 존재할 수 있
다는 생각은 현대인의 교만이다. 우리는 하나님의 말씀을 따라 서로
를 도울 때만 더 나은 삶을 살아갈 수 있다.
　신비하게도 우리가 다른 피조물들을 위한 인간이 되었을 때, 우

리는 가장 행복한 인간이 된다. 왜냐하면 하나님의 복이 그런 사람에게 임하기 때문이다. 하나님나라가 그에게 성취되기 때문이다.

우리 모두 깨어진 관계를 회복하기 위해 십자가의 은혜를 바라보자. 그리고 하나님을 왕으로 모시고 살아가자. 이웃에게 적합한 도우미가 되자. 모든 관계가 회복되는 하나님의 나라를 체험하게 될 것이다.

탐욕에 도전하는 공동체

질서가 깨진 세상

'부자만 더 부자가 된다'는 말은 자본주의 사회를 살아가는 우리 모두에게 공공연히 받아들여지는 진리다. 파리경제대학 교수인 토마스 피케티는 그의 책 〈21세기 자본〉을 통해 '자산을 가진 부자가 더 부자가 되기 쉬운 것은 역사적 사실'이라고 말하며 그것을 증명해낸다. 그는 지난 300년간의 자료와 통계를 공개하면서 불평등은 어쩔 수 없다고 말한다.

그의 공식은 R〉G이다. 자본의 연평균 수익률 R(부동산과 주식과 채권 등 모든 자산에서 나오는 수익률)이 경제성장률 G(노동을 통하여 얻는 소득의 증가율)를 앞선다고 결론내린다. 이 공식은 간단히 말해 자본 자산을 가진 사람의 평균 수익이 노동을 해서 돈을 버는 사람의 평균 수익보다 앞선다는 말이다. 그는 지난 300년간의 모든 통계와 자료들을 분석하여 자본의 연평균 수익률(R)이 4-5%, 그리고 노동을 통해 얻는 소득의 증가율인 경제성장률(G)이 1-2%의 흐름을 보였다고 분석했다. 보이지 않는 손에 의해 개인이 이익을 추구하는 사회는 점점 더 자본 자산의 유무에 따라 불평등한 사회가 될 수밖에 없다는 것이 그의 결론이다. 표면적으로 볼 때 확실히 우리는 불평등한 세상에 살고 있다. 성경은 우리가 사는 세상을 하나님의 창조질서가 깨진 세상이라고 말한다. 질서가 깨진 세상에서 살고 있는 우리는 몇 가지를 기억해야 한다.

첫째, 타락 이후 인간 사회는 항상 빈부의 격차 문제에 직면해 왔고 앞으로도 그럴 것이다.

> 땅에는 언제든지 가난한 자가 그치지 아니하겠으므로 내가 네게 명령하여 이르노니 너는 반드시 이 땅 안에 네 형제 중 곤란한 자와 궁핍한 자에게 네 손을 펼지니라 _신 15:11

둘째, 성경에는 개인의 게으름 때문에 가난을 겪는 자들에 대한 경고도 있다. 따라서 모든 문제의 책임을 구조적인 문제로만 돌려서는 안 된다.

> 게으른 자여 네가 어느 때까지 누워 있겠느냐 네가 어느 때에 잠이 깨어 일어나겠느냐 좀더 자자, 좀더 졸자, 손을 모으고 좀더 누워 있자 하면 네 빈궁이 강도 같이 오며 네 곤핍이 군사 같이 이르리라 _잠 6:9-11

셋째, 하지만 현대 사회의 진정한 문제는 노동을 통한 소득이 자본을 통한 소득을 넘지 못하는 것이기 때문에, 개인의 부지런함에도 불구하고 경제적인 격차가 벌어지는 구조적 문제가 존재한다는 것이다. 나아가 그 경제적 격차로 차별의 문제가 계속 발생한다는 것이다.

> 만일 너희 회당에 금 가락지를 끼고 아름다운 옷을 입은 사람이 들어오고 또 남루한 옷을 입은 가난한 사람이 들어올 때에 너희가 아름다운 옷을 입은 자를 눈여겨 보고 말하되 여기 좋은 자리에 앉으소서 하고 또 가난한 자에게 말하되 너는 거기 서 있든지 내 발등상 아래에 앉으라 하면 너희끼리 서로 차별하며 악한 생각으로 판단하는 자가 되는 것이 아니냐 _약 2:2-4

넷째, 경제적 차별은 탐욕에 의해 더 심각해지고 있으며, 제도를 통해 질서가 깨진 세상을 온전히 회복하는 것은 불가능하다. 지난 인류의 역사 속에서 수많은 제도에도 불구하고 순수하게 경제적인 면에서 불평등이 커진 것이 사실이다. 물론 경제적인 불평등으로 모든 사람이 반드시 불행한 삶을 살지 않는다. 하지만 우리는 분명히 경제적 불평등으로 고통당한 사람들을 도와야 한다. 나아가 질서가 깨진 세상을 회복하는 것은 율법의 근본정신이자 그리스도인의 본질적인 사명이다.

> 하나님 아버지 앞에서 정결하고 더러움이 없는 경건은 곧 고아와 과부를 그 환난 중에 돌보고 _약 1:27

깨어진 질서의 회복으로서의 율법과 희년

하나님께서는 모두가 복되게 살아갈 수 있는 세상을 창조하셨다. 하나님의 통치에 순종하는 세상은 본래 하나님의 복으로 가득한 세상이었다.

> 하나님이 지으신 그 모든 것을 보시니 보시기에 심히 좋았더라 _창 1:31a

하지만 인류의 타락으로 세상의 질서는 깨어졌다. 세상에는 경쟁과 다툼이 가득하고 탐욕이 지배하게 되었다.

> 라멕이 아내들에게 이르되 아다와 씰라여 내 목소리를 들으라 라멕의 아내들이여 내 말을 들으라 나의 상처로 말미암아 내가 사람을 죽였고 나의 상함으로 말미암아 소년을 죽였도다 _창 4:23

하나님은 불순종과 탐욕으로 질서가 깨어진 세상을 회복하려는 계획을 세우셨다. 그것이 하나님의 구원 계획이다. 하나님은 온 세상을 구원하시려고 놀라운 지혜의 경륜을 발휘하신다. 하나님의 방법은 하나님의 백성들을 택하시고 하나님의 법을 그들에게 가르쳐, 질서가 깨어진 땅에서 하나님의 통치를 따라 살아감으로 모든 것이 회복되게 하시는 것이다. 이것이 하나님나라의 밑그림이었다.

구약 시대에는 아브라함의 자손인 이스라엘 백성을 택하시고, 그들에게 새로운 땅에서 지킬 율법을 주셨다. 율법은 하나님의 백성들이 인간의 반역으로 깨어진 이 땅의 질서를 회복하는 하나님의 통치를 실현하는 법이다. 하나님의 백성은 하나님께 나아가 예배함으로 거룩함을 회복한다. 이것이 제사와 성막 제도에 나타난다. 그리고 이웃과 더불어 탐욕적 삶을 버리고 새로운 삶을 살아간다. 하나님을 사랑하고 이웃을 사랑하는 삶이다. 그 율법의 핵심에 '희년'(요벨)이 있었다. 희년은 한 마디로 모든 것의 회복이 선포되는 해다.

> 너희는 오십 년째 해를 거룩하게 하여 그 땅에 있는 모든 주민을 위하여 자
> 유를 공포하라 이 해는 너희에게 희년이니 너희는 각각 자기의 소유지로
> 돌아가며 각각 자기의 가족에게로 돌아갈지며 _레 25:10

희년에는 땅과 사람이 원래의 자리로 돌아간다. 희년이 실현되면 모든 사람들이 자신의 땅에서 회복된 삶을 영위할 수 있다. 율법은 하나님의 창조질서를 회복하기 위한 법이며, 희년은 그 중심에 있었던 회복의 법이었다.

실천된 적이 없는 희년과 메시야

그러나 타락한 인간이 만든 사회와 국가 시스템 안에 희년이 실천된 적은 역사적으로 한 번도 없었다는 것이 정설이다. 그렇다면 하나님께서 왜 실천되지도 않을 법을 선포하시고 지키라고 명하셨던 것일까? 거두절미하고 결론적으로 말하면, 희년이란 인간 사회에서 제도

적으로 실천되는 것이 아니라 초월적인 하나님나라가 이 땅에 실현될 때 이루어질 것임을 예표한 것이다.

선지자들은 이스라엘에서 희년이 실현될 수 없다는 것을 깨달았다. 선지자들은 회복이라는 주제를 노래하기 시작했다. 하나님을 거부하는 악한 자들이 만든 질서가 깨어지고 새로운 시대가 펼쳐질 것을 노래하기 시작했다.

> 하늘을 펴고 땅의 기초를 정하고 너를 지은 자 여호와를 어찌하여 잊어버렸느냐 너를 멸하려고 준비하는 저 학대자의 분노를 어찌하여 항상 종일 두려워하느냐 학대자의 분노가 어디 있느냐 결박된 포로가 속히 놓일 것이니 죽지도 아니할 것이요 구덩이로 내려가지도 아니할 것이며 그의 양식이 부족하지도 아니하리라 나는 네 하나님 여호와라 바다를 휘저어서 그 물결을 뒤흔들게 하는 자이니 그의 이름은 만군의 여호와니라
>
> _사 51:13-15

선지자들은 하나님의 통치가 이 땅에 회복될 때 희년의 정신이 메아리치는 새로운 시대가 열릴 것이라고 노래했다. 한 가지 주목할 것은, 선지자들이 하나님의 창조 질서가 회복될 것을 노래할 때 항상 하나님이 보내실 메시야에 대한 대망이 있었다는 사실이다.

> 그가 찔림은 우리의 허물 때문이요 그가 상함은 우리의 죄악 때문이라 그가 징계를 받으므로 우리는 평화를 누리고 그가 채찍에 맞으므로 우리는

나음을 받았도다 우리는 다 양 같아서 그릇 행하여 각기 제 길로 갔거늘 여
호와께서는 우리 모두의 죄악을 그에게 담당시키셨도다 _사 53:5-6

고대하던 메시야 예수께서 세상에 오시고, 그를 주로 고백하는
공동체 속에서 희년이 조금씩 메아리치기 시작하면서 조금씩 큰 파
도를 이루며 실천되기 시작했다. 결국 예수의 재림 때 온 세상의 회
복은 완성될 것이다. 선지자들은 예수를 통해 깨어진 만물의 질서가
회복되어 진정한 구원이 이를 것이라는 사실을 예언했다.

또 주께서 너희를 위하여 예정하신 그리스도 곧 예수를 보내시리니 하나님
이 영원 전부터 거룩한 선지자들의 입을 통하여 말씀하신 바 만물을 회복
하실 때까지는 하늘이 마땅히 그를 받아 두리라 _행 3:20-21

사도들은 그 사실을 목도하게 되었다.

메시야 공동체를 통한 희년 선포와 질서의 회복

메시야 공동체인 교회는 자체가 세상 권력이 되거나 세상 제도 안에
있는 기관이 아니라 세상의 제도를 초월하여 하나님에게 속한 기관
이다.

그러나 우리의 시민권은 하늘에 있는지라 거기로부터 구원하는 자 곧 주

예수 그리스도를 기다리노니 _빌 3:20

초대교회 성도들 누구도 세상 권력 안에 속하지 않았고, 세상 권력을 이용하여 희년을 선포하지 않았다. 세상 권력을 등에 업고 어떤 일을 하지도 않았다. 메시야를 믿는 자들은 공동체의 존재방식을 통해 희년을 선포했다. 자신들의 힘으로 부를 축적하여 삶을 영위하는 방식이 아니라 하나님의 도우심을 믿고 나눔을 실천하는 존재 방식을 통해 희년을 선포했다. 예수 공동체를 통해 창조 질서가 회복되었다.

> 믿는 사람이 다 함께 있어 모든 물건을 서로 통용하고 또 재산과 소유를 팔아 각 사람의 필요를 따라 나눠 주며 _행 2:44-45

> 믿는 무리가 한마음과 한 뜻이 되어 모든 물건을 서로 통용하고 자기 재물을 조금이라도 자기 것이라 하는 이가 하나도 없더라 … 그 중에 가난한 사람이 없으니 이는 밭과 집 있는 자는 팔아 그 판 것의 값을 가져다가 _행 4:32,34

하나님나라가 바로 거기 임했다. 어떤 제도나 권력자들의 힘에 의해서가 아니라 예수를 믿은 자들에 의해 질서의 회복이 일어난 것이다. 초대교회 성도들은 바로 거기에서 하나님나라를 맛보았고, 하나님나라를 자신들의 삶으로 전했다. 그들에게 임한 성령의 놀라운 역사가 자신의 욕망에 의해 살아가던 자들의 정욕과 탐심을 십자가에 못 박았다.

> 그리스도 예수의 사람들은 육체와 함께 그 정욕과 탐심을 십자가에 못 박았느니라 _갈 5:24

예수 그리스도를 믿고 하나님의 교회에 속하는 것은 새로운 하늘의 존재 방식을 이 땅에 이루는 것이다. 하나님께서는 우리 개인을 내세의 영원한 삶으로 인도하기 위해서만이 아니라, 먼저 창조 세계를 회복하는 일을 이루시기 위해 예수를 보내셨다. 그리고 예수께서는 우리를 하늘로 올리시지 않고 이 세상에 파송하셨다.

> 아버지께서 나를 보내신 것 같이 나도 너희를 보내노라 _요 20:21b

하나님은 우리에게 교회 공동체를 통해 온 세상을 회복하는 하나님의 계획에 동참하라고 촉구하신다. 성령으로 변화된 우리는 실제로 그러한 삶을 살아갈 수 있도록 거룩하게 변할 것이다.

탐욕에 도전하는 공동체

우상 숭배는 우리에게 끊임없는 탐욕을 요청한다. 하지만 메시야 공동체인 교회는 탐욕에 도전한다. 탐욕을 버리고 하나님과 이웃을 사랑하는 삶의 방식, 하나님나라와 의를 위하여 살아가는 존재 방식 자체가 전 세계적 회복을 일으킨다.

우리는 불평등한 세상을 변화시키기 위해 정치와 경제에 참여하여 구조적 악을 제거하는 노력을 해야 한다. 하지만 그것만으로는 실패한다. 우리 자신이 탐욕을 끊고 주를 경외하는 마음으로 이웃 사랑에 동참하여 진정한 하나님나라 공동체를 이뤄야 한다. 희년의 존재 방식이 실재하는 가정과 공동체를 이뤄야 한다.

희년의 존재방식이 실재하는 교회 공동체는 공동체 내부에 하나님나라가 구현되게 할 뿐만 아니라 이웃과 세계에 하나님나라 질서가 회복되게 한다. 교회는 과연 만물 안에서 만물을 충만케 하시는 이의 충만함이다(엡 1:23). 이 교회는 예루살렘에서 시작되었다. 하지만 수많은 이방 지역 교회들이 예루살렘의 어려움에 동참했다.

> 그 때에 선지자들이 예루살렘에서 안디옥에 이르니 그 중에 아가보라 하는 한 사람이 일어나 성령으로 말하되 천하에 큰 흉년이 들리라 하더니 글라우디오 때에 그렇게 되니라 제자들이 각각 그 힘대로 유대에 사는 형제들에게 부조를 보내기로 작정하고 _행 11:27-29

> 그러나 이제는 내가 성도를 섬기는 일로 예루살렘에 가노니 이는 마게도냐와 아가야 사람들이 예루살렘 성도 중 가난한 자들을 위하여 기쁘게 얼마를 연보하였음이라 _롬 15:25-26

이것이 전 세계적 회복과 희년의 성취를 이루는 교회의 모습이다. 이 모든 일은 우리를 위해 가난하게 되셔서 우리를 부요하게 하신 예수를 본받는 것이다.

> 우리 주 예수 그리스도의 은혜를 너희가 알거니와 부요하신 이로서 너희를 위하여 가난하게 되심은 그의 가난함으로 말미암아 너희를 부요하게 하려 하심이라 _고후 8:9

나눔은 우리를 곤고하게 하려는 것이 아니라 은혜를 순환시켜 희년을 이루는 것이다.

> 이는 다른 사람들은 평안하게 하고 너희는 곤고하게 하려는 것이 아니요 균등하게 하려 함이니 이제 너희의 넉넉한 것으로 그들의 부족한 것을 보충함은 후에 그들의 넉넉한 것으로 너희의 부족한 것을 보충하여 균등하게 하려 함이라 _고후 8:13-14

우리 모두는 예수를 알기 전에 바벨탑의 방식으로 살아가며 탐욕적으로 경쟁하며 고통스럽게 살아왔다. 심지어 하나님의 백성이 되었다고 확신하면서도 탐욕이 동기가 되어 살아간다. 예수님은 우리 모두를 복되게 하는 교회 공동체를 세우시고, 교회를 통해 천하 만민이 복을 얻게 하셨다. 교회는 세상 천하 만민을 위해 존재한다. 교회가 그 교리 때문이 아니라 존재 방식 자체로 인해 세상의 비난을 받는다면 존재할 이유가 없다. 하나님께서 이스라엘 백성이 이방인과 유사한 방식으로 존재할 때 바벨론의 포로가 되게 하신 것처럼, 교회가 세상의 존재 방식을 따르면 하나님께서 교회를 유배시킬 것이다.

교회를 통해 희년의 정신이 메아리치게 하자. 예수님을 믿는 우리의 삶을 통해 희년의 정신이 실현되는 것을 꿈꾸자. 정치적 시스템이나 철학적 이론이 아니라, 예수를 믿고 복음을 실천하여 세상을 총체적으로 회복하는 교회를 이루어 가자. 가난으로 고통당하는 이들, 소외된 이들, 극심한 빈곤을 겪고 있는 북한의 동포들을 회복하는 일에 동참하자. 모든 것을 포기하며 고통당하는 이 시대의 청년들을 품고 그들을 품는 일에 동참하자. 이것이 깨어진 질서를 회복하는 율법, 특히 희년이 실현되는 하나님의 뜻에 동참하는 길이다.

진짜 큰 나라가 여기 있다

세상의 여러 나라들

목회를 하면서 여러 나라에 갈 일이 있었다. 한국 사람이다 보니 외국에 나가면 자연스럽게 모든 것을 우리나라와 비교하게 된다. 2010년에 캐나다에 갔다. 땅이 넓으니 자연이 아름다운 것은 당연하다. 사실 자연은 어느 나라나 아름답다. 사람의 손이 닿지 않은 곳은 더욱 그렇다. 캐나다에는 조금만 교외로 나가면 태고적 신비가 남아 있는 숲과 환상적인 빛깔의 호수들이 즐비했다.

소위 선진국이라는 캐나다에서 인상 깊었던 것은 사람이 서 있으면 건너도록 양보하는 운전자들의 교통 문화와 자녀들만 집에 둘 수 없도록 법으로 규정한 과할 정도의 아동 보호 같은 것이었다. 어린 자녀 한 명당 국가가 상당한 액수의 양육비를 지원한다는 점도 좋아 보였다. 하지만 물건을 구입하거나 외식을 할 때는 세금과 팁 때문에 실제 물가가 상당히 비싸고, 세금과 보험이 대단히 부담스럽다는 것도 알게 되었다. 도심지의 교통체증은 우리나라와 다르지 않았다. 도시의 경우 이민정책으로 인해 다양한 인종이 모여 살다보니 갈등이 많고 범죄도 많이 일어나 보안이 대단히 철저했다. 이 나라에도 사람들이 살아가면서 생기는 문제가 여전히 많다는 것을 보여주고 있었다.

세계에서 가장 부유하고 좋은 나라라고 알려진 미국도 비슷한 느낌이었다. 좋은 점들이 많았지만, 역시 인종 간의 빈부격차가 대단히 심하고 그로 인한 갈등과 범죄 문제가 심각했다. 도시들에는 어김없이 갈 곳 없는 가난한 노숙자들이 많았다. 또한 인권이 대단히 강조되는 나라다보니 역으로 대도시에 마약을 하는 사람과 동성애자들이 많이 모여 있고 총기로 인한 범죄도 많았다.

어느 나라든 처음 가게 되면 차이점을 많이 느끼게 되어 있다. 하지만 그 나라에 대하여 좀 더 알고 나면, 세상 어느 나라나 나름의 역사와 문화를 통해 형성된 사회이며 그 차이가 그렇게 크지 않다는 것을 많이 느끼게 된다. 그냥 대단하게 느껴지는 나라는 별로 없었다. 각 나라들이 정치와 경제 수준에 따라 삶의 수준에 격차가 나는 것은 사실이지만, 동시에 나름의 심각한 문제들을 가지고 있는 것도 사실이었다. 소위 말하는 대단한 나라, 이상적인 나라, 큰 나라는 없었다. 이 세상의 나라들은 타락한 인간의 모습을 다양하게 드러내고 있으며, 동시에 타락한 인간의 한계로 인한 심각한 문제들이 다양한 모습으로 상존하고 있다.

진짜 큰 나라가 계획되다

하나님께서는 죄가 가득한 이 세상에 제국은 있어도 진정으로 큰 나라는 있을 수 없다는 것을 아셨다. 하나님을 반역한 인간이 건설한 도시와 나라들은 구성원들을 결코 행복하게 할 수 없고, 포악과 압제가 끊이지 않을 수밖에 없다.

> 가인이 여호와 앞을 떠나서 에덴 동쪽 놋 땅에 거주하더니 아내와 동침하
> 매 그가 임신하여 에녹을 낳은지라 가인이 성을 쌓고 그의 아들의 이름으
> 로 성을 이름하여 에녹이라 하니라 _창 4:16-17

세상의 첫 용사였던 영웅 니므롯은 이 세상에 거대한 제국을 건설했다.

> 구스가 또 니므롯을 낳았으니 그는 세상에 첫 용사라 그가 여호와 앞에서
> 용감한 사냥꾼이 되었으므로 속담에 이르기를 아무는 여호와 앞에 니므롯
> 같이 용감한 사냥꾼이로다 하더라 그의 나라는 시날 땅의 바벨과 에렉과
> 악갓과 갈레에서 시작되었으며 그가 그 땅에서 앗수르로 나아가 니느웨와
> 르호보딜과 갈라와 및 니느웨와 갈라 사이의 레센을 건설하였으니 이는
> 큰 성읍이라 _창 10:8-12

그러나 니므롯의 제국은 많은 사람들을 압제하여 자신들의 이름을 높이려는 악한 나라일 수밖에 없었다.

또 말하되 자, 성읍과 탑을 건설하여 그 탑 꼭대기를 하늘에 닿게 하여 우
리 이름을 내고 온 지면에 흩어짐을 면하자 하였더니 _창 11:4

결국 세상의 나라들은 이러한 악한 속성을 가질 수밖에 없다. 세
상이 발전하고 새로운 제도들이 생겨나지만, 결국 인간은 권력으로
다른 사람들을 압제하려는 본성인 죄의 발현을 통해 악한 나라를 계
승하게 될 수밖에 없다. 세상의 모든 나라들의 정치체제가 결국 복음
일 수 없는 이유는, 하나님을 반역한 인간의 죄의 문제를 정치가 해
결할 수 없기 때문이다.

하나님께서는 아무도 예상할 수 없는 방식으로 큰 나라를 계획
하셨다. 모든 나라 족속들을 복되게 할 수 있는 큰 나라를 계획하셨
다. 그 시작이 아브라함이었다. 갈대아 우르에서 제국의 백성으로 살
아가던 아브라함을 부르셔서 하나님의 백성으로 삼으시고 하나님의
계획을 시작하셨다. 아브라함이라는 보잘것없는 한 인간에게 보여
주신 계획은 이렇다.

여호와께서 이르시되 내가 하려는 것을 아브라함에게 숨기겠느냐 아브라
함은 강대한 나라가 되고 천하 만민은 그로 말미암아 복을 받게 될 것이 아
니냐 내가 그로 그 자식과 권속에게 명하여 여호와의 도를 지켜 의와 공도
를 행하게 하려고 그를 택하였나니 이는 나 여호와가 아브라함에게 대하
여 말한 일을 이루려 함이니라 _창 18:17-19

하나님은 아브라함을 큰 민족(본문의 강대한 나라는 큰 민족으로 번역되는 것이 옳다)이 되게 하신다. 그리고 그 민족이 이루는 나라를 통해 궁극적으로 천하 만민이 복을 받게 된다. 그 나라는 자신들의 이름을 높이고 자신들의 욕망을 추구하는 나라가 아니다. 자신들의 이름을 높이고 욕망을 추구하기 위해 다른 민족을 정복하는 나라는 더더욱 아니다. 여호와의 도를 지켜 의와 공도를 행하게 하는 나라다.

하나님께서는 자기 나라가 잘 되기 위해 수많은 나라들을 정복하는 제국들이 아니라, 세상 모든 나라들이 더불어 복을 받을 수 있는 큰 나라를 계획하셨다. 그 나라가 바로 제사장 나라인 이스라엘이다. 하나님의 방식은 그들을 하나님의 백성으로 택하여 그들에게 하나님만의 규례와 법도를 계시하시는 것이다. 그리고 하나님의 영을 그들의 심령 가운데 주어 하나님의 규례와 법도를 지키게 하시고, 그 규례와 법도를 지키는 백성에게 복을 주시는 방식으로 세상을 교훈하시는 것이다.

하나님께서는 놀라운 능력으로 아브라함의 후손을 하늘의 별과 같이 많게 하셨고, 그들을 세계 최강대국인 애굽의 손으로부터 이끌어 내셨다. 그리고 그들에게 가나안 땅을 주시기로 약속하시고, 그 땅에서 지킬 규례와 법도를 명하신다.

내가 애굽 사람에게 어떻게 행하였음과 내가 어떻게 독수리 날개로 너희를 업어 내게로 인도하였음을 너희가 보았느니라 세계가 다 내게 속하였나니 너희가 내 말을 잘 듣고 내 언약을 지키면 너희는 모든 민족 중에서 내 소

유가 되겠고 너희가 내게 대하여 제사장 나라가 되며 거룩한 백성이 되리

라 너는 이 말을 이스라엘 자손에게 전할지니라 _출 19:4-6

하나님은 택하신 백성과 언약을 맺고 당신의 규례와 법도를 아브라함에게, 그리고 그의 후손의 나라 이스라엘에게 주셨다(출 19장-민 10장). 그런데 이스라엘 백성은 광야에서 하나님께 불순종했다. 하나님의 규례와 법도를 지키는 큰 나라에 적합하도록 훈련되지 못한 사람들은 광야에서 사라졌다. 하나님께서 가나안 땅에 들어가게 될 이스라엘 백성에게 다시 주신 규례와 법도가 신명기다.

순종이 요청되다

하나님의 큰 나라로 계획된 이스라엘에게 요청되는 것은 당연히 순종이다.

이스라엘아 이제 내가 너희에게 가르치는 규례와 법도를 듣고 준행하라

그리하면 너희가 살 것이요 너희 조상의 하나님 여호와께서 너희에게 주

시는 땅에 들어가서 그것을 얻게 되리라 내가 너희에게 명령하는 말을 너

희는 가감하지 말고 내가 너희에게 내리는 너희 하나님 여호와의 명령을

지키라 _신 4:1-2

하나님께서 계획하신 큰 나라는 하나님께서 다시 왕이 되시는 나

라다. 그 나라에는 하나님의 법이 있다. 그 나라의 구성원들에게 땅이 주어진다. 그들이 그 땅의 타락한 방식으로 살아가는 것이 아니라 하나님의 법에 순종하게 될 때, 그들은 큰 나라로서의 위용을 갖추게 된다. 나아가 그 나라에는 하나님의 놀라운 복이 주어진다.

사실 순종이라는 말은 큰 나라의 백성으로 선택된 이들에게 부담스러운 것이 사실이다. 하지만 그 백성에게 가져다 줄 놀라운 미래에 대해, 그 미래를 주실 하나님의 능력에 대해 신뢰할 수 있다면 순종은 매력적인 것이다.

하나님께서는 큰 나라의 백성으로 선택된 이스라엘에게 몇 가지의 약속을 하신다.

첫째, 하나님의 규례와 법도는 순종하는 백성을 지혜롭게 한다.

내가 나의 하나님 여호와께서 명령하신 대로 규례와 법도를 너희에게 가르쳤나니 이는 너희가 들어가서 기업으로 차지할 땅에서 그대로 행하게 하려 함인즉 너희는 지켜 행하라 이것이 여러 민족 앞에서 너희의 지혜요 너희의 지식이라 _신 4:5-6a

사실 우리 인간은 어떻게 살아가야 할지를 배워야 한다. 하나님의 말씀이 어떻게 살아가야 할지 알려준다. 따라서 하나님의 법에 순종하는 것이 지혜와 지식이 된다. 그것은 택한 백성을 참으로 지혜롭게 한다. 인간은 스스로 지혜롭게 될 수 없다. 열방은 늘 지혜를 구했지만 늘 불행한 삶을 살아갈 수밖에 없었다. 참된 지혜, 즉 자신뿐만 아니라 천하 만민에게도 복을 주는 지혜로운 삶은 하나님의 규례와 법도에서 나온다. 하나님의 법은 지혜와 지식을 약속한다.

둘째, 하나님의 규례와 법도는 그것에 순종하는 백성이 주위 사람들에게 칭송받고 강력한 영향력을 발휘하게 한다.

그들이 이 모든 규례를 듣고 이르기를 이 큰 나라 사람은 과연 지혜와 지식
이 있는 백성이로다 하리라 _신4:6b

하나님의 법은 그 법에 순종하는 큰 나라의 백성이 칭송받게 한다. 그들은 세상으로부터 칭찬을 받으며, 그 놀라운 지혜로 영향을 미치게 된다. 실제로 이스라엘은 하나님의 법에 순종할 때 놀라운 지혜로 다른 나라들에 교훈을 주었다.

왕께 말하되 내가 내 나라에서 당신의 행위와 당신의 지혜에 대하여 들은
소문이 사실이로다 내가 그 말들을 믿지 아니하였더니 이제 와서 친히 본
즉 내가 말한 것은 절반도 못되니 당신의 지혜와 복이 내가 들은 소문보다
더하도다 _왕상 10:6-7

스바의 여왕이 솔로몬을 방문하여 이스라엘 백성의 삶의 방식이 옳다고 인정하고 따르게 되었다. 이것이 이스라엘의 역사였다. 이스

라엘이 하나님의 규례와 법도에 순종하여 하나님의 복을 얻던 다윗과 솔로몬의 시대에는 많은 나라가 이스라엘의 영향 아래에서 하나님의 법을 따르게 되었다.

다니엘은 비록 바벨론에 포로로 잡혀간 처지였지만 하나님의 말씀대로 순종하면서 하나님의 지혜를 얻게 되었을 뿐만 아니라, 사람들에게 놀라운 지혜의 사람이라는 칭송을 받게 되었다.

> 하나님이 이 네 소년에게 학문을 주시고 모든 서적을 깨닫게 하시고 지혜를 주셨으니 다니엘은 또 모든 환상과 꿈을 깨달아 알더라 … 왕이 모든 일을 묻는 중에 그 지혜와 총명이 온 나라 박수와 술객보다 십 배나 나은 줄을 아니라 … 내가 네게 대하여 들은즉 네 안에는 신들의 영이 있으므로 네가 명철과 총명과 비상한 지혜가 있다 하도다 _단 1:17,20; 5:14

하나님의 법에 순종하는 것은 세상의 칭송을 받게 한다는 것이 하나님의 약속이다.

셋째, 하나님의 규례와 법도를 순종하면 하나님이 가까이 하시는 나라가 된다.

> 우리 하나님 여호와께서 우리가 그에게 기도할 때마다 우리에게 가까이 하심과 같이 그 신이 가까이 함을 얻은 큰 나라가 어디 있느냐 _신 4:7

이스라엘 백성은 지금까지 신의 도우심을 얻고 살아간다는 소문을 내는 나라였다. 라합은 이스라엘 백성이 광야를 지나 가나안으로 들어올 때, 그들에 대한 소문을 듣고 그들이 믿는 신을 두려워하지 않을 수 없었다. 그래서 그녀는 이스라엘의 정탐꾼을 숨겨 주었고 하나님의 백성이 되었다. 다윗이 하나님의 공의와 정의로 다스리는 왕이 되었을 때, 하나님께서 모든 나라들과 싸워 승리를 거두게 하셨다. 이방인들이 다윗에게 항복했으며, 다윗의 수비대를 자신들의 나라에 두게 되었다.

> 다윗이 에돔에 수비대를 두되 온 에돔에 수비대를 두니 에돔 사람이 다
> 다윗의 종이 되니라 다윗이 어디로 가든지 여호와께서 이기게 하셨더라
> 다윗이 온 이스라엘을 다스려 다윗이 모든 백성에게 정의와 공의를 행할
> 새 _삼하 8:14-15

하나님의 큰 나라는 이방인들이 보기에 신이 돌보는 것 같은 이상한 기운이 도는 나라인 것이다. 세상 사람들은 하나님께 순종하는 백성을 함부로 건드리지 못한다. 하나님의 규례와 법도는 하나님의 공의가 드러나 있는 놀라운 말씀이다. 그래서 하나님의 규례와 법도를 순종하기 위해 선택된 백성은 순종으로 공의로운 큰 나라가 된다. 그 나라에 복이 주어지며 세상으로부터 칭송이 주어진다.

공의로운 큰 나라, 교회

하나님의 공의로운 큰 나라는 예수님을 통해 세상에 온전히 성취된다. 예수께서 십자가에서 죽으시고 부활하셨다. 예수께서 죽으시고 부활하신 메시아이시며, 그가 진정한 구원자요 주라는 소식이 전해졌다. 이 소식이 복음이었다. 하나님의 큰 나라는 예수를 믿는 이들을 통해 형성된 그리스도인들의 공동체인 교회다. 예수 그리스도를 머리로 하는 그리스도의 몸이 바로 교회다. 그분의 통치의 말씀, 하나님의 규례와 법도가 지배하는 나라가 바로 교회다.

> 그의 능력이 그리스도 안에서 역사하사 죽은 자들 가운데서 다시 살리시고 하늘에서 자기의 오른편에 앉히사 모든 통치와 권세와 능력과 주권과 이 세상뿐 아니라 오는 세상에 일컫는 모든 이름 위에 뛰어나게 하시고 또 만물을 그의 발 아래에 복종하게 하시고 그를 만물 위에 교회의 머리로 삼으셨느니라 교회는 그의 몸이니 만물 안에서 만물을 충만하게 하시는 이의 충만함이니라 _엡 1:20-23

교회는 하나님께서 이 세상을 회복하시기 위한 참된 지혜와 지식을 소유한 백성의 공동체이며, 또 그렇게 존재해야 한다. 교회가 하나님의 법에 순종하며 큰 나라의 모습을 갖추며 성숙해질 때, 하나님께서는 교회를 통해 이 세상을 교훈하신다. 하나님의 놀라운 구원의 계획과 섭리를 세상이 알게 하신다.

모든 성도 중에 지극히 작은 자보다 더 작은 나에게 이 은혜를 주신 것은 측
량할 수 없는 그리스도의 풍성함을 이방인에게 전하게 하시고 영원부터 만
물을 창조하신 하나님 속에 감추어졌던 비밀의 경륜이 어떠한 것을 드러내
게 하려 하심이라 이는 이제 교회로 말미암아 하늘에 있는 통치자들과 권
세들에게 하나님의 각종 지혜를 알게 하려 하심이니 곧 영원부터 우리 주
그리스도 예수 안에서 예정하신 뜻대로 하신 것이라 _엡 3:8-11

교회는 아브라함에게 약속하신 것처럼 천하 만민이 하나님 앞에
서 복을 받게 하는 도구이며 만물을 그 결핍으로부터 해방하여 충만
케 하는 하나님의 큰 나라다. 교회는 하나님의 말씀에 순종함으로 세
상의 칭송을 받고 하나님의 복을 누리는 공동체라고 인정받게 된다.
안디옥의 그리스도인들은 바울과 바나바에게 하나님의 말씀으
로 양육 받고 비로소 그리스도인, 그리스도에게 속한 사람, 즉 그리
스도의 제자로 살아가는 사람들이라고 불렸다.

바나바는 착한 사람이요 성령과 믿음이 충만한 사람이라 이에 큰 무리가
주께 더하여지더라 바나바가 사울을 찾으러 다소에 가서 만나매 안디옥에
데리고 와서 둘이 교회에 일 년간 모여 있어 큰 무리를 가르쳤고 제자들이
안디옥에서 비로소 그리스도인이라 일컬음을 받게 되었더라 _행 11:24-26

그들은 하나님의 말씀을 배웠고 그 말씀대로 행하면서, 사람들
에게 예수를 따르는 사람들이라는 칭송을 얻게 된 것이다. 초대교회

성도들은 회개하고 자신의 것을 나누며 살아갔다. 그들은 하나님의 말씀을 배우며 실천했다. 그들은 1세기에 로마라는 초강대국 안에서 살았지만, 로마의 욕망과 쾌락의 삶의 방식이 아니라 하나님의 백성들의 지혜와 지식이 충만한 방식으로 살았다. 그들은 로마인들에게 박해도 받았지만 존경도 받았다. 결국 그리스도인들의 공동체인 교회는 로마에서 힘을 얻었으며, 로마가 멸망한 이후에도 세상에 남아 지금도 세상에 영향을 미치는 공동체가 되었다.

큰 나라가 되자

교회는 하나님께서 세우신 큰 나라 이스라엘의 정체성을 부여받았다. 교회는 이 땅에서 하나님의 지혜와 지식을 드러내는 큰 나라다. 이것이 우리가 하나님의 말씀을 배우고 실천하기 위해 모든 역량을 집중해야 하는 이유이다.

하나님의 말씀은 이 세상에서 발견할 수 없는 규례요 법도이다. 때로는 세상이 이해하지 못할 수도 있다. 하지만 하나님의 말씀은 세상을 변화시키는 큰 나라를 만들어낸다.

하나님의 규례와 법도에 순종하는 것이 교회의 능력이다. 말씀에 순종하는 것은 교회를 지혜롭게 하며, 세상에 강력한 영향력을 갖게 하며, 하나님의 복을 누리게 한다. 세상의 인문학적 윤리는 필연적으로 인간의 탐욕을 정당화시키는 부작용을 낳는다. 하지만 하나님의 말씀은 우리 죄의 근원을 겨냥하고 놀라운 새 나라를 만드신다.

교회가 그 규모를 크게 하고, 권세자들과 교제하며 특권을 누리고, 돈과 권세로 이름을 높이는 것은 세상 나라들의 방식을 본받는 것이다. 교회가 이렇게 하면 세상이 다 알고 조롱한다. 자신의 사업과 출세를 위해 교회에 다니는 종교인은 이 큰 나라의 백성이 되지 못한다. 하나님의 버림을 받는다. 세상과 짝하는 교회, 하나님의 규례와 법도보다 세상의 처세에 능한 교회의 권세는 땅에 떨어진다. 교회는 하나님의 말씀을 따라 놀라운 규례와 법도를 세상에 가져와 대항적 삶의 방식을 만들어내고, 때로 세상의 미움을 받고 고난을 당할 수도 있다(왜냐하면 주변 사람들을 불편하게 하거나 그들의 이익을 저해할 수 있기 때문이다). 하지만 결국 존경을 받고 세상에 교훈을 준다.

남정우의 《이야기로 푼 선교학》이라는 책에 다음과 같은 이야기가 나온다. 1901년 겨울 어느 날, 황해도 평산 감바위골 교회의 남선교회 회원들이 예배를 마친 후, 여자 성도들을 다 내보내고 4가지 안건을 결정하였다.

첫째, 여편네들은 3일에 한 번씩 때리지 아니하면 야시(여우)가 되어 남편을 홀린다고 하나, 오늘부터 우리는 때리지 않기로 한다.

둘째, 부인네들은 부엌 흙상에 앉아 밥을 먹지만 오늘부터는 남편과 겸상하여 앉아 밥을 먹기로 한다.

셋째, 오늘부터는 부인네들에게 존댓말을 쓰기로 한다.

넷째, 이렇게 하면 동네사람들이 흉을 볼지라도 우리는 이렇게 할 것이다.

여성 차별이 만연한 조선 말기에 초창기 교회는 말씀을 배우고 실천하여 큰 나라의 위용을 갖추고 있었다. 선교 초창기의 교회는 손해를 감수하면서도 가난한 백성들과 짝하였고 위태한 나라의 운명을 바라보며 항일 운동에 앞장섰다. 숫자는 적었고 세상의 권세는 없었지만, 교회는 세상에서 상상할 수 없는 큰 나라가 되었다.

하나님의 규례와 법도에 인생을 투자하면, 우리도 모르는 사이에 우리의 삶의 방식은 큰 나라의 삶의 방식이 될 것이다. 하나님께서 우리의 삶에 복을 주실 것이다.

우리는 비난을 받을 수도 있다. 세상의 이해를 받지 못할 수도 있다. 하지만 우리는 큰 나라다. 이 세상에는 없는 삶의 방식을 이 땅에 도입하기 위하여 하나님께서 택하신 하나님나라의 백성이다. 우리의 위대한 사명을 자랑스러워하자. 그리고 우리에게 주어진 규례와 법도에 신실하자. 그 말씀을 배우기 위해 우리의 모든 것을 희생하여 투자하자.

성공하고 싶은가? 자녀를 잘 키우고 싶은가? 존경 받는 사람이 되고 싶은가? 복을 받고 싶은가? 방법은 하나다. 종교 생활에서 벗어나 큰 나라의 규례와 법도를 배우고 실천하라.

열다섯 번째 킹덤설교

에이즈 시대와 기독교 신앙

AIDS의 시대

에이즈는 예전처럼 우리에게 공포감을 주지 않는다. 치료법이 많이 발전했다. 약만 잘 먹으면 관리할 수 있는 만성 질환 중 하나가 되었다고 한다. 하지만 에이즈는 분명 동성애와 관련된 질병이라는 것이 분명하다. 에이즈에 대한 인식이 약화되는 것은 인권과 관련하여 심각성을 감추려는 경향이 많기 때문이다. 하지만 에이즈는 분명 특별한 의미를 가진 질병이다.

에이즈(AIDS)는 1980년대 초에 미국에서 처음으로 발견된 새로운 전염병이다. 1980년대 초반 샌프란시스코와 뉴욕에서 마약중독자와 동성애자인 남성들 사이에 한 종류의 폐렴과 피부암이 유행하고 있다는 사실이 보고되었다. 이 폐렴과 피부암은 원래 일반인이 거의 걸리지 않는 질병이었다고 한다. 항암제를 투여한 환자들이나 면역 억제제를 복용하는 환자들 중에서도 면역이 아주 약해진 환자에게만 발생했다고 한다.

샌프란시스코와 뉴욕에서 발견된 폐렴은 호흡 부전으로 인해 사망에 이르게 하고 재발 위험도 높았다. 그 도시 사람들 사이에 발생한 피부암은 악성 종양으로, 1980년대에 특히 발생 빈도가 늘었다. 이런 질병이 유행하고 있기 때문에 의학자들이 연구를 진행하였다. 의학자들이 조사한 환자들의 특성상 이 질병이 혈액이나 성관계를 통해 전파되고 있음을 의심하게 되었고, 미국 보건당국이 이 질병을 '후천성 면역결핍증후군'이라고 부르게 되었다.

이 질병은 어떤 이유로 인해 후천적으로 면역체계가 파괴된 환자가 일반인에게는 거의 발생할 수 없는 특별한 종류의 치명적 질병에 노출되어 사망에 이르게 한다. 1983년 프랑스와 미국의 연구팀이 이 질병을 일으키는 것이 일종의 바이러스(HIV)라는 사실을 밝혀냈다. 이 바이러스는 면역 체계의 중심 역할을 하는 세포를 감염시키고 파괴한다. 이 바이러스에 감염되어 정상인은 거의 걸리지 않는 감염병이나 특수한 종류의 악성 종양에 걸리게 되는 상태를 에이즈(AIDS)라고 하는 것이다.

그동안 예방과 치료 약제의 발달로 에이즈 감염환자 수와 사망률은 약간씩 감소하고 있지만, 여전히 많은 사람들이 새롭게 감염되어 사망하고 있다. 2007년 현재 전세계에서 확인된 감염자만 3300만 명, 2007년 한 해에만 200만 명이 사망했다. 그 후 에이즈의 치명성은 점점 떨어지고 있지만, 환자들은 평생 엄청난 사회적 비용을 발생시킨다. 빈국의 환자들은 여전히 의료혜택을 받지 못하고 있다. 에이즈는 마약중독과 남성동성애자들의 성생활을 통해 전파됐지만, 그러한 피해가 여성과 아이들에게까지 퍼져 있다. 선진국에서는 그 피해가 현저하게 줄고 있지만, 저개발국에서는 여전히 피해가 심각하다. 사하라 남부 아프리카에서는 임산부 감염자 중 태아 감염을 막는 약을 처방받은 사람이 67%, 에이즈에 걸린 어린이들 중 항생제를 투약받은 아이들은 23%밖에 되지 않는다고 한다. 마약주사기를 사용하지 않았고 성관계도 없이 에이즈에 걸린 피해자들이 더 피해를 보고 있는 셈이다.

2008년 미국질병관리본부의 지침에 따르면 폐포자충폐렴과 카포시육종 등 27가지 질병이 에이즈 정의 질환으로 지정되어 있다. 간단히 말하면 에이즈에 걸린 사람은 다른 사람들이 걸리지 않는 27가지 치명적 질병에 걸리게 된다는 뜻이다. 한국에도 1985년에 첫 감염자가 발견되어, 2008년 12월까지 6120명이 감염자로 확인되었다. 그 병으로 사망한 사람이 1084명, 5036명이 생존해 있다고 한다. 2014년 현재 한국 안에 확인된 감염자는 약 8000명이라고 한다. 유엔 에이즈 계획은 실제로 이보다 두 배 이상의 환자가 있을 것이라고 추산하고 있다. 하지만 우리가 주목해야 할 것은 에이즈가 얼마나 치명적인 질병인지가 아니다. 치명적인 질병은 에이즈 외에도 많다. 많은 치명적 질병들이 치료법이 개발되어 정복된 역사를 볼 때, 에이즈도 정복될 가능성이 아주 없지는 않다.

하지만 에이즈는 그 질병의 발생 원인으로 볼 때 다른 질병들과 분명한 차별성을 가지고 있다. 에이즈는 인간의 성 윤리의 타락에 의해 발생한 질병이기 때문이다. 면역 체계를 파괴하는 이 바이러스는 침팬지에게서 처음 발견된 것이라는 연구가 있다. 이 바이러스는 인류에게 감염되지 않는 것인데 인간에게 감염되었고, 마약주사기나 남성동성애자들의 성관계를 통해 급속히 퍼지게 된 것이다. 간단히 말해 에이즈는 마약중독과 연관된 동성애와 난잡한 성생활을 통해 급속히 퍼지게 된 질병이라 해도 무방하다.

물론 아주 소수의 경우 수혈이나 잘못된 주사기 사용, 산모에 의한 태아의 감염으로 에이즈에 걸린 사람들도 있다. 하지만 이 질병은 샌프란시스코나 뉴욕의 동성애자와 마약중독자들에 의해 인류에게 발생하기 시작한 것이며, 다른 질병들과 다르게 세상의 윤리적 타락을 경고하는 질병이라고 정의해야 한다. 이 시대는 윤리적 타락으로 새로운 질병이 발생한 시대이며, 우리는 이 시대를 에이즈의 시대, 즉 경제적 불평등과 더불어 도덕적 타락이 극에 달한 시대라고 불러야 한다. 하나님의 나라와 멀어진 시대인 것이다.

윤리의 붕괴와 에이즈

이 질병은 분명 다수의 파트너와의 성관계나 동성애를 통해 전염된다. 에이즈를 발생시키는 HIV바이러스가 혈액과 정액 등에 고농도로 포함되어 있기 때문이다. 따라서 의료진들의 실수에 의한 수혈이나 여성 감염자의 무지로 인한 태아에게 수직 감염되는 등 기술적인 문제를 제외한다면, 에이즈는 결국은 비정상적인 성행위, 즉 바이러스를 전파하는 동성애나 다수의 파트너와의 성관계를 통해 전파된다. 배우자와의 성관계를 통해서는 에이즈가 발생할 수 없다. 따라서 과거 기독교 신앙에 바탕을 두고 있던 국가들의 윤리적 붕괴가 에이즈의 직접적인 원인이라고 해도 과언이 아니다. 20세기 중반 이후 유럽과 북미 대륙의 윤리적 붕괴가 심각할 정도로 진행되었다. 기독교 신앙에 대한 교육은 금지되거나 위축되었다. 그에 따라 윤리의 붕괴가 가속화되었다.

신학자 데이비스 웰스는 20세기의 윤리의 실종에 대해 자신의 책에서 심각하게 경고했다. 유럽과 북미 대도시를 중심으로 마약과 각종 난잡한 성문화가 용인되었다. 에이즈가 마약중독자와 동성애자들이 가장 많은 샌프란시스코와 뉴욕에서 확산되기 시작했다는 것이 그 반증이다. 우리는 단순히 에이즈에 걸린 사람들을 비난만 할 것이 아니라, 에이즈를 몰고 온 이 시대의 광범위한 윤리적 붕괴 현상에 주목해야 하는 것이다.

선진국의 윤리적 붕괴와 더불어 관심을 가져야 하는 것은 에이즈의 엄청난 피해를 보고 있는 아프리카이다. 아프리카에서 특히 에이즈가 확산되는 것은 선진국들처럼 최근의 윤리적 붕괴 때문이 아니다. 역사적으로 뿌리 깊은 성에 대한 무지와 난잡한 성문화가 원인이다. 아프리카에는 악령청소부라는 문화가 있다고 한다. 한 부족의 악령청소부가 결혼을 앞둔 어린 여성과 성관계를 하여 악령을 청소한다는 것이다. 아프리카의 많은 사람들이 교육과 윤리의식의 부재로 인해 과거로부터 이런 난잡한 성생활에 노출되었다. 이로 인해 사하라 남부 아프리카에 사는 남성들뿐 아니라 무고한 여성들과 아이들이 큰 피해를 보고 있다. 세계 에이즈 감염자의 66%, 사망자의 75%가 여기에 있다.

에이즈가 발견되고 연구된 곳은 미국과 프랑스다. 특히 앞에서도 언급했지만, 뉴욕과 샌프란시스코에서 이 질병이 집중적으로 나타났다. 동성애와 마약이 가장 만연한 곳이다. 에이즈가 어떻게 감염되는지 알 수 있는 대목이다. 마약과 성 윤리의 타락이 없었다면 에이즈는 지구상에 존재하지 않았거나, 적어도 이렇게 세계적으로 유행하지 않았을 것이다. 우리나라에도 동성애 문화가 1990년대부터 보편화되기 시작했고 에이즈 환자가 꾸준히 늘고 있는 것이 사실이다. 에이즈로 고통당하는 환자들에 대한 사회적 지원을 아끼지 말아야 하는 것은 맞지만, 본질적으로 에이즈는 마약과 동성애, 나아가 성 윤리의 붕괴가 확산시킨 질병임은 아무도 부인할 수 없다. 우리는 이를 계기로 성 윤리 회복에 대해 깊이 고민해야 할 것이다.

성경 속의 윤리적 붕괴와 동성애

성경의 역사를 통해 윤리적 붕괴의 모습을 살펴보고, 그 안에서 하나님나라 백성인 기독교인의 사명이 무엇인지 살펴보자. 성경에서 처음 등장한 동성애는 타락한 도시의 상징인 소돔에 만연되어 있었다.

> 그들이 눕기 전에 그 성 사람 곧 소돔 백성들이 노소를 막론하고 원근에서
> 다 모여 그 집을 에워싸고 롯을 부르고 그에게 이르되 오늘 밤에 네게 온
> 사람들이 어디 있느냐 이끌어 내라 우리가 그들을 상관하리라 _창 19:4-5

성경에서 하나님을 떠나 윤리적으로 가장 타락한 도시로 상징되는 소돔의 특징으로 새로운 남자들과의 동성애에 대한 열망이 소개된다는 것은, 동성애가 어느 시대를 막론하고 윤리적 붕괴의 표지라는 것을 보여준다. 성경에서 하나님을 떠나 각기 자신의 소견대로 살아가는 시대였다는 사사시대에도 동성애 문제가 등장한다.

> 그들이 마음을 즐겁게 할 때에 그 성읍의 불량배들이 그 집을 에워싸고 문
> 을 두들기며 집 주인 노인에게 말하여 이르되 네 집에 들어온 사람을 끌
> 어내라 우리가 그와 관계하리라 하니 집 주인 그 사람이 그들에게로 나와
> 서 이르되 아니라 내 형제들아 청하노니 이같은 악행을 저지르지 말라 이
> 사람이 내 집에 들어왔으니 이런 망령된 일을 행하지 말라 _삿 19:22-23

사사기의 마지막 이야기가 동성애를 비롯한 성 윤리의 붕괴를 이야기하고 있는 것도 윤리적 붕괴가 하나님을 왕으로 모시며 살아가지 않는 시대의 특징인 것을 보여준다.

우리는 동성애만 유독 악한 것으로 바라봐서는 안 된다. 하나님께서는 이스라엘 백성을 부르시고, 하나님을 떠나 반역한 세상 사람들을 대표하는 애굽 사람들과 가나안 사람들의 악한 문화를 따르지

말라고 경고하셨다. 특히 하나님을 떠나 반역한 세상의 성 윤리 붕괴는 우리 모두가 지극히 경계해야 할 모습이다. 하나님께서는 근친상간, 동성애, 혼외성관계, 수간 등으로 대표되는 성 윤리의 붕괴에 대해 경고하신다.

> 각 사람은 자기의 살붙이를 가까이 하여 그의 하체를 범하지 말라 나는 여호와이니라 … 너는 네 이웃의 아내와 동침하여 설정하므로 그 여자와 함께 자기를 더럽히지 말지니라 … 너는 여자와 동침함 같이 남자와 동침하지 말라 이는 가증한 일이니라 너는 짐승과 교합하여 자기를 더럽히지 말며 여자는 짐승 앞에 서서 그것과 교접하지 말라 이는 문란한 일이니라
> _레 18:6,20,22,23

성 윤리의 붕괴는 하나님을 떠난 이 세상의 풍습들 중에 가장 두드러지게 나타나는 특징이다. 혹자는 성에 대한 레위기의 명령이 구약시대에만 해당되는 것이라고 말한다. 구약의 모세오경, 특히 출애굽기와 레위기와 신명기에 나오는 규례들은 크게 두 가지로 나눌 수 있다. 구약에 한정되며 예수님의 십자가 죽음과 부활로 성취되어 더이상 지키지 않아도 되는 종교적 규례들과 영원히 지켜야 할 보편적인 규례들이다. 예수님께서 대속을 성취하셨기에 더 이상 지키지 않아도 되는 규례들은 성막과 제사에 관한 법, 음식과 피부병이나 유출병에 대한 규례와 같이 유대인들의 외적 정결에 관한 법들이다. 하지만 다른 법들은 예수 이후에도 영원히 지켜야 하는 보편적인 하나님

의 통치 명령이다.

영원히 지켜야 할 보편적인 규례들도 두 가지로 나눌 수 있다. 저울추를 쓰지 말라는 규례나 가난한 이웃을 돌보라는 규례들은 문자적으로 지금도 그대로 지켜야 하는 법이다. 형이 죽었을 경우 형수와 결혼하라는 법, 그리고 여러 절기에 관한 법들은 지금 이 시대의 문화에 맞추어 형식을 수정하여 의미에 따라 지켜야 하는 법이다.

성 윤리에 관한 법들은 지금도 문자적으로 지켜야 할 보편타당한 규례이다. 레위기와 1500년 정도의 간격을 가진 1세기의 서신서인 로마서도 하나님을 반역하여 우상을 숭배하는 타락한 인간의 윤리적 붕괴의 모습으로 가장 먼저 동성애를 언급하며, 그 뒤에 각종 윤리적 타락을 이야기한다.

> 그러므로 하나님께서 그들을 마음의 정욕대로 더러움에 내버려 두사 그들의 몸을 서로 욕되게 하게 하셨으니 이는 그들이 하나님의 진리를 거짓 것으로 바꾸어 피조물을 조물주보다 더 경배하고 섬김이라 주는 곧 영원히 찬송할 이시로다 아멘 이 때문에 하나님께서 그들을 부끄러운 욕심에 내버려 두셨으니 곧 그들의 여자들도 순리대로 쓸 것을 바꾸어 역리로 쓰며 그와 같이 남자들도 순리대로 여자 쓰기를 버리고 서로 향하여 음욕이 불일듯 하매 남자가 남자와 더불어 부끄러운 일을 행하여 그들의 그릇됨에 상당한 보응을 그들 자신이 받았느니라 _롬 1:24-27

성 윤리의 붕괴를 비롯하여 각종 탐욕과 불의와 분쟁 같은 범죄들은 하나님을 반역한 이방인들의 풍습이며, 하나님께서 절대로 금하시는 것들이다.

이 시대에는 소돔과 사사시대 때보다, 로마 시대 때보다 더 윤리적 붕괴가 가속화되고 있다. 하나님을 떠나 스스로 윤리의 판단자가 된 인류에게 행복은 있을 수 없다. 윤리적 붕괴는 다양한 재앙으로 나타나고 있다. 엄청난 질병과 고통으로 하나님의 진노가 나타났다. 계층 간, 국가 간의 양극화로 인해 자살이 늘고 테러 같은 범죄가 늘어가고 있다. 스스로 하나님이 된 인류에게 닥친 하나님의 여러 경고 중 하나가 에이즈라는 것을 부정하면 안 된다. 각종 흉악한 범죄들이 더해가고, 에이즈와 같은 질병이 새로 출현한 것은 이 세상이 얼마나 하나님이 주시는 복과 멀어지고 있는지 보여주는 것이다.

에이즈 시대의 기독교 신앙

우리는 애굽과 가나안에 보냄 받은 이스라엘 백성과 같다. 하나님께서 이스라엘을 하나님의 백성으로 삼으시고, 그들을 우상 숭배가 만연하고 윤리적인 붕괴가 심각한 땅에 보내신 것은 그 땅을 변화시켜 하나님나라를 구현하기 위해서이다. 그러므로 하나님나라의 백성은 하나님의 규례와 법도를 배우고 지켜야 하나님의 복을 받으며 살아갈 수 있다. 이것이 에이즈 시대를 사는 이 시대 하나님나라의 백성인 기독교인의 사명이다.

너희는 너희가 거주하던 애굽 땅의 풍속을 따르지 말며 내가 너희를 인도

할 가나안 땅의 풍속과 규례도 행하지 말고 너희는 내 법도를 따르며 내 규

례를 지켜 그대로 행하라 나는 너희의 하나님 여호와이니라 너희는 내 규

례와 법도를 지키라 사람이 이를 행하면 그로 말미암아 살리라 나는 여호

와이니라 _레 18:3-5

이런 시대를 사는 우리의 구체적인 책임은 다음과 같다.

1) 교회 공동체를 통한 윤리 교육

에이즈는 이미 현실이다. 우리는 단순히 에이즈를 혐오하고 두려

워하는 단계를 벗어나야 한다. 우리는 냉철하게 왜 에이즈와 같은 질

병이 나오는 지경까지 이르도록 성 윤리가 붕괴되었는지 세상을 냉

철하게 바라봐야 한다. 윤리의 붕괴를 촉진하는 철학적 배경과 인문

학적 경향들, 그리고 문화적인 경향들을 폭로하고 하나님께서 주신

인류의 보편적 가치와 윤리적 기준의 가치를 교육해야 한다. 그리고

정교한 성경 해석을 통해 하나님께서 주신 윤리적 기준을 이 시대에

적용하고 실천 가능하도록 가르치는 일에 힘써야 한다.

모든 윤리적 붕괴 현상은 그 현상을 지지하는 사상적 흐름을 가

지고 있다. 바울은 이미 그러한 세상의 흐름을 바라보았다.

그들이 이같은 일을 행하는 자는 사형에 해당한다고 하나님께서 정하심을

알고도 자기들만 행할 뿐 아니라 또한 그런 일을 행하는 자들을 옳다 하

세상은 지금의 윤리적 붕괴를 고치려는 것이 아니라 사상적으로 두둔하려 한다. 지금 세상의 경향은 빈자와 장애우, 여성과 유색인종에 대한 인권을 주장하면서, 이른바 성소수자를 끼워 넣는다. 성소수자를 돕자는 것에는 동의할 수 있으나, 그들의 행위를 정당화할 수는 없다. 그런데 이것은 20세기 포스트모던 철학자, 특히 미셸 푸코와 같은 철학자의 주장이다. 푸코는 모든 종류의 질서와 윤리의식 같은 것은 권력자들에 의해 만들어진 것이라고 비판하면서, 이성애와 동성애는 정상과 비정상이 아니라 서로 다른 것이라는 상대주의적 이론을 주장했다.

백인과 유색인종이 정상과 비정상이 아니라 서로 다른 것이라고 말한다면, 그것은 정확히 옳은 주장이다. 남성과 여성은 우월과 열등이 아니라 서로 다른 평등한 존재라고 말한다면, 그것은 옳다. 하지만 윤리적 문제들을 이런 식으로 접근하면 심각한 타락이 나타난다. 지금의 유럽과 북미 대륙, 그리고 우리나라의 지식인들에게 이 시대의 윤리적 붕괴를 낳는 사상적 흐름이 있다는 것을 파악하고, 성경적인 윤리 교육, 즉 하나님의 통치하시는 하나님나라의 윤리를 가르치는 일이 필요하다. 젊은이들에게 이론적으로 성경적 윤리를 정립하는 일은 정말 시급하다.

2) 총체적 선교

우리는 하나님과 세상을 화목하게 하는 사명을 가지고 있다. 우리는 하나님의 백성으로 새롭게 창조되었고, 이 세상을 하나님과 화목하게 해야 한다.

> 그런즉 누구든지 그리스도 안에 있으면 새로운 피조물이라 이전 것은 지나갔으니 보라 새 것이 되었도다 모든 것이 하나님께로서 났으며 그가 그리스도로 말미암아 우리를 자기와 화목하게 하시고 또 우리에게 화목하게 하는 직분을 주셨으니 곧 하나님께서 그리스도 안에 계시사 세상을 자기와 화목하게 하시며 그들의 죄를 그들에게 돌리지 아니하시고 화목하게 하는 말씀을 우리에게 부탁하셨느니라 _고후 5:17-19

우리가 세상을 정죄하는 것은 신학적이고 사상적인 작업이다. 우리는 이 세상의 윤리적 붕괴의 원인을 찾고 치열하게 싸우며, 성경적 원리를 찾아 전파해야 한다. 하지만 동시에 에이즈 환자로 대변되는 이 시대 윤리적 붕괴의 피해자들을 위로하고 도와야 한다. 그들을 신학적으로 고립시키기만 한다면, 그들은 하나님께 돌아오지 않을 것이다. 그들을 사랑하고 회개하도록 하여, 하나님나라를 누리며 살아가도록 돕기 위해 최선의 노력을 다해야 한다.

우리나라에도 에이즈 환자들이 많다. 또한 동성애 성향 때문에 고민하는 사람들도 많다. 그들에게 개인적으로는 정죄하지 말고 도움을 주어야 한다. 에이즈에 대한 사회적 비용을 들추고 범죄자로 몰기보다, 그들을 치료하는 일에 지원하고 동성애 성향의 사람들을 교회가 과감히 환영하고 도와야 한다. 또한 그들이 교회를 믿고 따르도록 교회 자체가 윤리적으로 자정의 노력을 기울여야 한다. 교회가 동성애를 반대하면서도 돈과 성의 추문에 휩싸이고 이기적인 종교권력으로 비친다면, 동성애자들에 대한 선교는 불가능하다.

또한 아프리카에는 엄청난 에이즈 피해자들이 있다. 에이즈 감염자 남성들의 성폭력으로 인해, 감염자 여성에 의한 수직 감염으로 인해, 에이즈에 대한 교육과 치료 자원의 부족으로 인해 엄청나게 많은 사람들이 고통당하고 있다. 우리는 이 문제들도 외면하면 안 된다. 우리 모두의 죄로 인해 발생한 피해자들을 위해 공동 책임을 져야 한다. 그들을 위한 선교는 치료와 지원을 넘어 복음으로 하나님나라의 윤리를 가르치는 것이고, 병원과 학교를 세워 그들에 대한 총체적인 선교를 하는 것이다.

이 세상은 하나님의 창조물이다. 모든 사람은 어떤 죄와 허물이 있을지라도 하나님께서 창조하신 하나님의 형상이다. 인간의 욕망이 빈부격차가 건강하지 못한 사회를 만들어낸 것처럼, 윤리적 타락이 에이즈를 만들어냈다. 에이즈에 의한 사망자 수는 줄어가고 있지만, 앞으로 윤리적 타락이 가속화되면 어떤 새로운 질병이 나올지 알 수 없다. 이런 사회 속에서 에이즈는 우리에게 하나의 상징적인 현상이다. 하나님나라 백성의 윤리적 삶으로 우리를 초청하시는 하나님의 말씀에 귀를 기울이고, 이 세상 전체를 하나님의 통치로 회복하는 일이 이 시대를 살아가는 그리스도인의 사명이다.